INTRODUCTION

A L'ÉTUDE

DE LA LANGUE JAPONAISE.

MEULAN. — IMPRIMERIE DE MARIUS NICOLAS.

囉尼小儒輯著

日本語考

巴理城

尼科瑓聚珍房印

墨頌訥佛書肆發客

全一本

Maisonneuve & Cⁱᵉ Editeurs   Imp. lith. Callet

INTRODUCTION

A L'ÉTUDE

DE LA

LANGUE JAPONAISE

PAR

L. LÉON DE ROSNY

PARIS,

MAISONNEUVE ET Cie**, LIBRAIRES-ÉDITEURS**

POUR LES LANGUES ORIENTALES, ÉTRANGÈRES ET COMPARÉES;

15, quai Voltaire. — A la Tour de Babel.

LONDON, TRUBNER AND C°.

M DCCC LVI

C.

PRÉFACE.

Depuis longtemps le monde scientifique et littéraire désirait ardemment que les investigations des orientalistes fussent dirigées vers le Japon. Les récits des voyageurs et les documents qu'ils fournissaient sur l'état de la civilisation des Japonais, aujourd'hui l'une des plus avancées de toute l'Asie, avaient fait entrevoir la riche moisson que la science pourrait recueillir dans les perpétuelles publications de ces insulaires, aussitôt qu'elle aurait acquis l'intelligence de l'idiome dans lequel elles sont écrites. C'était dans l'intention d'en faciliter l'étude, et

parce qu'elle en avait trop bien compris l'importance, que la
Société Asiatique de Paris publiait, dans le cours des premières
années de son existence, une traduction française de la Grammaire japonaise du P. Rodriguez, et, peu après, un supplément
qui devait la compléter. Malheureusement cet ouvrage n'a pas
répondu aux grandes intentions des savants qui composaient
alors cette Société, et cette publication ne put amener aucun
bon résultat pour la science. Aussi, faute de trouver, dans ce
livre, les notions claires et précises qu'on y venait chercher,
et à défaut d'autres instruments de travail, l'étude de la
langue japonaise fut généralement abandonnée en Europe.

Tandis que les sinologues et la généralité des orientalistes
tournaient leurs regards vers d'autres idiomes et d'autres litté-
ratures, M. Ph. Fr. von Siebold parcourait le Japon et se créait
des relations d'amitié avec plusieurs lettrés de ce pays, auxquels il enseignait les sciences naturelles. Ceux-ci, de leur côté,
réunissaient, pour leur savant maître, une foule de renseignements curieux, de dessins, de cartes et de livres indigènes.
De retour en Europe, M. von Siebold résolut de publier les pré-
cieux documents qu'il avait ainsi recueillis durant sept années
(182 à 18), et d'en former un ouvrage en quelque sorte en-
cyclopédique. Mais comme il avait bien compris que pour pouvoir profiter de la belle collection de livres qu'il avait formée,
il était nécessaire, avant tout, de fournir les moyens à quelques

orientalistes d'apprendre la langue japonaise, pour laquelle les secours avaient été jusque-là insuffisants, il résolut de reproduire par la lithographie et avec le secours de l'habile calligraphe chinois *Ko-tching-tchang*, quelques lexiques et autres ouvrages japonais-chinois qu'il avait rapportés du Japon.

Quoique cette série de reproductions lithographiques, qu'il intitula *Bibliotheca japonica*, ne renfermât qu'un dictionnaire japonais-chinois, sans interprétation européenne et sans ordre alphabétique, elle laissa cependant entrevoir à quelques orientalistes, la possibilité de hasarder désormais l'étude de la langue japonaise. C'est, en effet, grâce aux ouvrages lithographiés par les soins de M. von Siebold, et à quelques originaux cédés par lui aux plus grandes bibliothèques publiques de l'Europe, que la Hollande et l'Autriche possèdent aujourd'hui chacune un orientaliste capable d'aborder les textes japonais dont l'extrême difficulté avait découragé des savants justement célèbres du premier tiers de ce siècle.

Moi-même, après avoir, en grande partie, perdu mon temps à apprendre la Grammaire japonaise mentionnée plus haut, je résolus d'étudier le *Syo-gen-ziko* (édition de M. von Siebold), et de rétablir dans un ordre alphabétique simple et facile, au moyen de cartes, les mots japonais qui, dans l'ouvrage précité, sont disposés sous treize rubriques, de telle façon qu'ils ne peuvent être trouvés sans des pertes de temps déplorables. Je relevai également les mots que je trouvai çà et là dans les ouvrages des voyageurs, et surtout dans les vocabulaires publiés par les anciens missionnaires au Japon; puis, à l'aide du *Syo-gen-ziko*, il me fut possible d'en vérifier l'exactitude ou d'en corriger les erreurs. Enfin, j'entrepris l'étude des textes japonais que j'avais à ma disposition avec les secours que je m'étais formés et avec ceux que me fournissait la collection chinoise-japonaise de la Bibliothèque impériale. C'est ainsi que, procédant du connu à l'inconnu, je parvins à reconstituer sur de nouvelles bases et pour mon usage, une grammaire japonaise, dont l'Introduction qui suit présente un abrégé. Les belles publications de mon savant ami M. J. Hoffmann, de Leyde, et celles de M. Aug. Pfizmaier, de Vienne, qui se sont succédées dans ces dernières années, ont également contribué à améliorer ce travail relatif à un idiome encore à peine connu, et dont je souhaitais faciliter l'intelligence à mon pays lorsque le besoin s'en ferait sentir.

Aujourd'hui que les grands événements qui se développent chez les diverses nations de l'Asie orientale tendent à ébranler ces tristes lois, que la politique soupçonneuse des empereurs de la Chine et du Japon, avait créées pour isoler leurs peuples du reste du monde; que les Japonais, de leur côté, cherchent avec empressement toutes les occasions capables de les rapprocher et de les lier d'amitié avec l'Occident; que la cour de Yédo, elle-même, se voit contrainte par la force des circonstances de permettre à plusieurs pavillons de flotter dans quelques-uns de ses ports; l'étude de la langue japonaise n'est plus utile seulement pour satisfaire la juste curiosité de l'Europe littéraire et scientifique : elle devient indispensable à ceux que les grandes nations maritimes enverront dans ces parages, pour l'honneur de la politique et pour l'intérêt commercial.

J'ai donc cru faire une œuvre vraiment utile en renfermant, dans un petit nombre de pages, le résumé des principales connaissances nécessaires pour l'étude de la langue japonaise. Ce travail, auquel j'ai donné le titre d'INTRODUCTION, parce qu'il se rattache directement et doit précéder le DICTIONNAIRE JAPONAIS-FRANÇAIS-ANGLAIS qui s'imprime en ce moment, comprend un exposé rapide de l'écriture et de la grammaire. J'ai mis au commencement une notice sur l'origine de la langue japonaise dans laquelle on examine les diverses opinions émises à ce sujet : elle facilitera quelque peu, à ceux que la linguistique générale intéresse, les moyens de résoudre cette importante question. Enfin, deux chapitres consacrés au rôle des caractères chinois dans la littérature japonaise, fourniront quelques notions élémentaires sur les textes dits sinico-japonais, que plusieurs sinologues, il est vrai, avaient déjà osé aborder, mais que, faute d'en bien connaître la nature, ils n'avaient pu comprendre qu'imparfaitement.

Qu'il me soit permis de profiter de cette préface pour exprimer publiquement ma reconnaissance à M. Stanislas Julien, de l'Institut, pour l'obligeance avec laquelle il a bien voulu mettre à ma disposition sa riche et précieuse bibliothèque et prendre intérêt à mes faibles efforts. Je remercierai de même ici M. Jules Mohl, membre de l'Institut et inspecteur de la typographie orientale à l'Imprimerie impériale, qui a bien voulu m'obtenir de ce grand établissement, le prêt de divers caractères orientaux, et encourager, par l'acquisition de plusieurs frappes, le graveur qui avait reproduit sur acier d'après mes dessins, les caractères japonais employés dans cet ouvrage.

Je dois également adresser mes remercîments à MM. Maisonneuve et Cie, mes éditeurs, et à leur agent M. L. Bestel, qui ont bien voulu entreprendre cette publication et la mener à bonne fin. Je dois citer encore, et je suis heureux d'en trouver ici l'occasion, le nom de M. Marius Nicolas, imprimeur à Meulan. Cet habile typographe, qui possède aujourd'hui des caractères pour les principales langues orientales, a su lever, avec un rare talent et une intelligence digne d'éloges, les nombreuses difficultés typographiques de tous genres que présentait la reproduction en types mobiles de ce travail. Enfin, je dois rappeler que les caractères japonais employés dans ce livre, au nombre de quatre corps (deux *kata-kana* et deux *fira-kana*), sont dus au gracieux burin de notre célèbre artiste en caractères M. Marcellin-Legrand, graveur de l'imprimerie impériale, qui nous a également fourni les caractères chinois dont l'usage était de la plus grande utilité.

Avant de terminer, qu'on me permette de réclamer toute l'indulgence des orientalistes pour les erreurs qui auront pu m'échapper dans ce travail présentant le premier aperçu grammatical de langue japonaise publié avec les caractères originaux et le concours, plus indispensable encore, des signes chinois. La plus belle récompense que je puisse souhaiter pour de longues veilles et l'aridité des travaux que j'ai dû réaliser, me sera accordée, si cette Introduction, qui en est le fruit, atteint le but qu'elle s'est proposé, en introduisant, sans trop de difficultés, dans l'étude de l'un des idiomes les plus difficiles de l'Asie moderne!

AVERTISSEMENT

SUR LE MODE DE TRANSCRIPTION EUROPÉENNE ET SUR QUELQUES SIGNES USITÉS
DANS CET OUVRAGE.

Le système de transcription adopté dans cette Introduction est, à peu de chose près, celui qui consiste dans la reproduction des sons étrangers avec les simples lettres de notre alphabet. Aussi suffit-il, pour en avoir la clef, de parcourir le peu de lignes qui suivent.

ɤ Nous avons adopté ce signe de l'alphabet grec et roumain, pour figurer le son *ou* des Français (*oo* des Anglais, *oe* des Hollandais, *y* des Russes), d'abord pour éviter de représenter cette seule voyelle par deux lettres, ensuite pour ne pas la confondre avec l'*u* français, qui se rencontre dans divers mots chinois, où il est généralement surmonté d'un accent. Cette dernière circonstance nous a porté à préférer l'orthographe française *u* à celle des Allemands *ü*, dans laquelle les deux points supérieurs et les accents toniques qu'il faudrait y ajouter pour les mots chinois, causeraient souvent une complication vétilleuse et des erreurs inévitables.

œ nous sert à représenter le son *eu* des Français, ou *ö* des Allemands. Nous avons préféré l'*œ* à l'*ö* par les raisons exposées à propos de l'ɤ.

Tous les *e*, quoique non accentués, doivent se prononcer en japonais comme *é*; mais, en chinois, ils se prononcent tantôt *é* et tantôt comme notre *e* muet, tirant un peu sur l'*ö*. Il y a certainement là un défaut dans le système orthographique de transcription adopté pour le chinois; mais nous n'avons pas cru devoir introduire, sous ce rapport, d'innovation dans cet ouvrage, où, sauf quelques cas, nous ne donnons que la prononciation japonaise des caractères chinois.

En lisant les mots japonais on devra généralement éviter les diphthongues, ou, en d'autres termes, prononcer chaque voyelle intégralement et séparément. Nous n'employons l'*ï* tréma que pour représenter le caractère japonais 井.

A la fin des mots chinois nous employons l'*y*, pour former des sortes de diphthongues, comme *ay*, *ey*, qui ne se prononcent pas *a-ï*, *e-ï*, mais à peu près comme en français *aye*, *éye*, surtout si l'on retire du son que l'on émet, en voyant ces trois lettres, à peu près la valeur entière de l'*e* muet final.

ʻ L'esprit rude des Grecs nous sert à indiquer les lettres aspirées.

ᴧ L'accent circonflexe nous sert à figurer l'*o* fermé, qui se rapproche du son de l'ɤ, et se prononce la bouche presque close.

* L'astérique est employée quelquefois pour distinguer les mots d'origine chinoise auxquels nous l'ajoutons, des mots purement japonais qui en sont dépourvus.

Il me reste à rappeler que j'ai préféré, comme plus claire et plus commode pour les signes chinois et japonais, la direction horizontale de gauche à droite, lorsque je me suis trouvé dans la nécessité de les intercaler dans le texte français; mais que j'ai conservé fidèlement la direction communément adoptée par les indigènes, c'est-à-dire celle qui, de droite, avance à gauche et perpendiculairement

↟↟↟, toutes les fois que j'ai eu à reproduire des textes, des fragments de textes ou des exemples, qu'il m'a été possible de disposer dans le sens vertical, et de détacher ainsi très-distinctement des caractères européens.

INTRODUCTION

A L'ÉTUDE

DE LA LANGUE JAPONAISE.

I.

ORIGINE DE LA LANGUE JAPONAISE.

L'origine de la langue japonaise, comme celle de la nation qui la parle, a été depuis quelques années l'objet des recherches de plusieurs savants qui publièrent leurs travaux en France et à l'étranger (1). Cependant la question n'est pas résolue, et il est à craindre qu'elle ne le soit pas de longtemps encore. En effet, la langue japonaise, à l'extrémité de l'Asie, semble s'isoler des autres idiomes, comme la langue basque dans le plateau européen. Des travaux postérieurs viendront-ils démontrer les analogies du japonais avec quelqu'une des langues du continent asiatique? C'est assez probable; mais il manque encore aujourd'hui des éléments dont on ne peut se dispenser, et cette étude est réellement prématurée. C'est pourquoi nous nous contenterons, vu les étroites limites que nous avons dû nous fixer pour cette Introduction, d'exposer brièvement quelques-unes des opinions qui ont été émises jusqu'à présent sur le sujet qui nous intéresse, et de présenter, sous toutes réserves, les conclusions qu'il nous paraît préférable d'adopter dans l'état actuel de la science philologique.

---

(1) Au nombre de ceux qui ont fait des travaux sur cette importante et difficile question venait, il y a quelques années, prendre rang le célèbre philologue GUILLAUME DE HUMBOLDT, en participant à la rédaction du *Supplément à la Grammaire japonaise* du P. RODRIGUEZ, publiée en français par la Société Asiatique de Paris.

1

On a beaucoup varié sur les diverses origines ou parentés attribuées à la nation japonaise et à sa langue nationale. On pouvait bien rencontrer quelques ressemblances de mots (1) ou de grammaire entre le japonais et diverses autres langues; mais toutes ces analogies étaient vagues, incertaines, et insuffisantes pour servir de base à des études solides et judicieuses.

On supposa successivement que le chinois, ou le coréen, ou quelque dialecte tartare, ou quelque idiome de l'Océanie ou du continent américain, avait pu donner naissance au japonais, ou tout au moins s'y rattacher pour former un nouveau groupe linguistique. A l'appui de ces hypothèses, on essaya de présenter des comparaisons reposant sur quelques points de conformité grammaticale ou graphique et sur des rapprochements médiocres de mots et de racines. Aussi les résultats des recherches faites à ce sujet amenèrent-ils seulement à considérer la langue japonaise comme originale et formant un nouveau type de famille linguistique étranger à la généralité des langues connues.

Dans cette période d'essais infructueux, le chinois fut, un des premiers, assujetti à la comparaison. La civilisation de la Chine, en réflétant sur celle des Japonais, soumit, il est vrai, l'idiome de ces derniers à l'influence chinoise. C'est ainsi que beaucoup de mots et même des locutions et des idiotismes chinois se sont introduits, au Japon, dans la littérature, et par suite, dans l'usage vulgaire. On ne saurait cependant conclure de là, que les deux langues sont liées par des chaînons étroits de parenté, ni qu'elles dépendent d'un même groupe linguistique. Un grand nombre de langues ont emprunté des quantités de mots, d'expressions à des idiomes qui leur étaient entièrement étrangers (2). Aussi, lorsqu'on eut comparé la grammaire chinoise avec celle des Japonais, et que l'on eut vu qu'elles étaient essentiellement différentes, comme l'on avait déjà remarqué que les vocabulaires des deux langues ne présentaient aucun rapport, on rejeta bientôt cette première idée qui avait porté quelques orientalistes à croire que le japonais était d'origine chinoise et que les deux nations n'en avaient primitivement formé qu'une seule.

Au nombre des savants qui ont essayé de présenter des rapprochements entre

---

(1) Dans son *Asia polyglotta* (pag. 328), Klaproth a inséré une liste de mots japonais comparés à différentes langues des cinq parties du monde. On pourrait assez facilement en augmenter l'étendue; mais les progrès de la philologie moderne ne permettent plus de suivre aujourd'hui la méthode linguistique du savant Allemand.

(2) Le malay, par exemple, renferme, dans l'état actuel, un assez grand nombre de mots européens. Néanmoins, il ne saurait former une branche de la famille des langues européennes, ni même de la famille sémitique, quoiqu'il renferme une foule de mots arabes introduits en Océanie avec l'islamisme et le Coran.

le japonais et quelques langues tartares, il faut citer ici le célèbre voyageur hollandais M. von Siebold, qui publia, dans les *Verhandelingen van het Bataviaasch Genootschap*, un mémoire sur l'origine des Japonais (1), dans lequel il s'efforçait de prouver par quelques comparaisons des langues et des coutumes des Mandchoux, des Coréens et des Aïno, qu'il existe une parenté certaine entre tous ces peuples, et que l'archipel du Japon a dû être primitivement peuplé par une émigration asiatique civilisée plus tard par des colonies chinoises et coréennes qui vinrent s'y incorporer.

Le célèbre voyageur exprimait aussi la supposition que les habitants primitifs du Japon pourraient bien descendre des Sandan (2), appuyant son hypothèse sur la conformité de quelques cérémonies religieuses des deux peuples. Son mémoire contenait également un petit vocabulaire de la langue peu connue des Sandan (3), comparée à celle des Mandchoux et des Japonais.

M. de Siebold exposait également, dans son travail sur l'origine des Japonais, quelques raisons qui le portaient à croire que les îles Lou-tchou avaient été, pour la plupart, peuplées par des Japonais, et que plusieurs autres îles du Grand-Océan avaient reçu du Japon un accroissement de population. Il ajoutait que cette assertion ne devait point étonner, puisqu'il avait même recueilli des preuves évidentes d'une communication entre les Japonais et les anciens habitants du Pérou et de la Nouvelle-Grenade (4). Il est possible, en effet, que quelques rapports aient

---

(1) *Verhandeling over de Afkomst der Japanners.* Batavia, 1832, in-8°.

(2) Peuples habitant la partie orientale de la Mandchourie. Suivant la carte japonaise jointe à l'édition de 1785 du *San-kok-dzŏ-ran* de RIN-ZI-FEÏ, le pays des Santan サンタン est situé sur la côte nord-est de la Mandchourie, au sud du fleuve Sagariin, et près de l'île Karaftŏ ou Taraïkaï.

(3) Nous espérons qu'on nous saura gré de le reproduire ici, avec l'équivalent japonais des mots qu'il contient :

	SANDAN (orth. holland.).	MANDCHOU (orth. franç.).	JAPONAIS
Soleil.	ton.	choûn.	fi.
Lune.	bi.	bia.	tsouki.
Mer.	namo.	namou.	oumi.
Courant dans la mer.	wata.	»	sivo.
Lance.	ghita.	guida.	foko.
Arc.	funzi.	beri.	youmi.
Flèche.	tsjapputo.	sirdan.	ya.

Sabre.	hootoo.	lokho.	tsour'gi.
Pendants d'oreille.	nin-kari.	moukheren.	»
Marchand.	holaroo.	hŏta (commerce).	»
Un.	womoo.	émou.	fitots'.
Deux.	zjuwoi.	dchouwé.	foutats'.
Trois.	tsappo ou irao.	ilan.	mits'.
Quatre.	weraa, punii.	douin.	yots'.
Cinq.	pudsja.	soundcha.	itsnouts'.
Six.	inkuu ou nungu.	ninggoun.	mouts'.
Sept.	nata.	nadan.	nanats'.
Huit.	hari, sjakupo	dchakoun.	yats'.
Neuf.	horei, fuijn.	ouyoun.	kokonots'.
Dix.	z'jaa buwaa.	dchouwan.	towo.

(4) « La forme du gouvernement que Bochica donna aux habitants de Bogota, dit M. AL. DE HUMBOLDT, est très-remarquable par l'analogie qu'elle présente avec les gouvernements du Japon et du Tibet. Au Pérou, les Incas réunissaient dans leur personne les deux pouvoirs séculier et ecclésiastique. Les fils du soleil étaient, pour

existé, à une époque reculée, entre des Japonais et des indigènes de l'Amérique, que quelques vaisseaux japonais se soient égarés sur les côtes occidentales du nouveau continent ; mais du moins cette curieuse et grande question réclame encore des preuves qui ne sauraient être établies qu'après une étude longue et consciencieuse des idiomes et des races de l'Amérique et des insulaires du Grand-Océan. Si la recherche de cette solution n'amène point à une conclusion décisive pour la linguistique et pour l'ethnographie, du moins elle ne saurait manquer de provoquer des découvertes aussi utiles pour ces deux sciences, que la recherche de la pierre philosophale n'en dota la chimie au moyen âge.

Les éléments de la langue coréenne et son vocabulaire sont encore trop peu connus pour qu'il soit permis de les comparer facilement avec le japonais, afin de constater les affinités qui peuvent exister entre ces idiomes parlés par deux peuples rapprochés à la fois par la situation géographique et par les relations politiques et commerciales. Cependant une étude aussi approfondie qu'il était possible de le faire d'un idiome dont on ne possède ni grammaire, ni dictionnaire, ni textes suffisants pour le travail, nous a suggéré quelques observations que nous essayerons d'exposer en partie ci-dessous.

La langue coréenne, comme celle des Japonais, a reçu une influence directe de la langue chinoise, à laquelle elle a emprunté un grand nombre de mots. L'altération phonétique coréenne des signes chinois est analogue à celle qu'ils ont éprouvée dans les différents dialectes de la Chine. Le dialecte de la Corée se rapproche surtout de celui qui est usité dans le Fo-kien, qui lui-même ressemble beaucoup à la prononciation japonaise des signes idéographiques. Quant au fond de la langue coréenne, elle ne ressemble pas plus à la langue chinoise que l'idiome national

---

ainsi dire, souverains et prêtres à la fois. » Voy. *Vues des Cordillières*, II, p. 225. — « De benamingen der getallen bij de *Muijscas*, » observe M. de Siebold (ouvr. cit.), « geven eene nog treffender overeenstemming te kennen, en de Japanners willen zelfs in de deze getallen uitdrukkende karakters (*signes hiéroglyphiques*, Humb.), eenige gelijkenis vinden. » M. de Siebold compare ensuite les noms numériques de jours japonais avec les noms de nombre mouyscas. Voici cette liste comparative, dans laquelle nous n'avons introduit de modifications que celles qu'exigeait l'exactitude *. Je laisse aux philologues et aux linguistes

' Cf. P. Fr. Bern. de Lugo *Gramat. en la lengua ge-*

le soin de conclure ce qui est raisonnable de cette comparaison :

	MOUYSCAS (orth. espagnole).	JAPONAIS (orth. française).
Un.	*ata,*	*Isouïtats* « le premier jour ».
Deux.	*bozha* **,	*fouts-ka* « le deuxième jour ».
Trois.	*mica,*	*mi-ka* « le troisième jour ».
Quatre.	*mhuyca,*	*yok-ka* « le quatrième jour ».
Cinq.	*hyçsca,*	*its-ka* « le cinquième jour ».
Six,	*ta,*	*moui-ka* « le sixième jour ».
Sept.	*qhûpqa,*	*nanou ka* « le septième jour ».
Huit.	*shûzha,*	*yô ka* « le huitième jour ».
Neuf.	*aca,*	*kokono-ka* « le neuvième jour ».
Inx,	*hubchîhica,*	*totvo-ka* « le dixième jour ».
Vingt,	*guéta,*	*fats-ka* « le vingtième jour ».

neral del nuevo reyno, llamada Mosca, pag. 108 v. et suiv. Source à laquelle nous avons emprunté l'orthog aphe des mots mouyscas énoncés ci-dessus.
** *Zh* a la valeur du *j*, en français.

du Japon. Au contraire, si l'on compare le coréen avec le japonais, on est tenté
de reconnaître quelques rapprochements de formes grammaticales entre les deux
langues. En effet, toutes les deux sont polysyllabiques ; leurs substantifs n'ont ni
genre, ni nombre réels. Le pluriel, par exemple, chez les Coréens, de même qu'en
japonais, s'indique, soit par la répétition du mot, soit par l'addition d'une suffixe
ou particule copulative, dont le japonais offre lui-même de nombreux exemples.
Les cas, ou plutôt certaines postpositions destinées à indiquer le rôle du substantif
et à le modifier, sont souvent omis en coréen. Les suffixes du génitif qui sont, en
cette langue, *na, ka,* ressemblent à leurs équivalents japonais *ノ no, ガ ga.* Le
pronom de la troisième personne est remplacé par une expression qui a le sens de
« cet homme » ; en japonais, *アノヒト ano fito* a la même valeur. Le passé des
verbes coréens, qui se termine le plus souvent en *ta,* et le futur en *o,* offrent une
nouvelle conformité avec le japonais. Enfin, les négations en se liant aux verbes
constituent une conjugaison particulière, comme en japonais et dans les principales langues tartares.

L'examen de ces quelques points de contact entre deux idiomes considérés
comme entièrement étrangers l'un à l'autre, quoique très-insuffisant pour permettre d'établir une opinion relativement à leur parenté, n'est peut-être pas entièrement dénué d'intérêt pour l'étude comparative des langues de l'Asie orientale.
Quant au vocabulaire des Coréens, il semble très-différent de celui des Japonais,
et à quelques-uns près, les mots coréens paraissent avoir pris leur origine à une
source où les Japonais n'auraient jamais puisé.

Il était assez probable que les indigènes des îles situées dans les mers au nord
du Japon, parlassent un idiome rapproché de celui des Japonais, et conséquemment
dépendant de la même famille linguistique. L'étude de la langue Aïno et de ses
différents dialectes usités dans l'île de Yéso et les Kouriles, nous force à considérer
cette opinion comme complètement inadmissible.

Les autres idiomes comparés avec le japonais, et parmi lesquels se trouve le
formosan (1) et quelques langues de l'Océanie (2), ne paraissent pas avoir conduit

---

(1) Le formosan, parlé dans l'île connue des
Européens sous le nom de Formose et nommée
par les Chinois *T'ài-wān,* paraît être lui-même
un rameau de la famille océanienne.
(2) Le P. Oyanguren, auteur d'une grammaire
japonaise dont nous n'avons point connaissance,
si ce n'est par l'analyse que nous en a donnée le
baron Guillaume de Humboldt, a présenté, à ce
qu'il paraît, quelques analogies entre le tagala et
le japonais. Il est néanmoins probable qu'elles
sont de peu d'importance. Voy. *Supplément à la
Grammaire japonaise* de Rodriguez, p. 1, note.

à des résultats plus heureux que ceux qui proviennent des comparaisons précédentes ; aussi ne nous y arrêterons-nous point.

La langue japonaise ne saurait donc entrer naturellement dans aucun des groupes linguistiques reconnus jusqu'à présent par la science. Elle semblerait, au contraire, inaugurer une nouvelle famille de langues dont elle serait le chef, et à laquelle viendrait se réunir l'idiome des Lou-tchou (1). Ce dernier, en effet, présente des rapports intimes avec le japonais, ainsi qu'on pourra s'en convaincre en parcourant le vocabulaire qui suit (2) :

VOCABULAIRE COMPARÉ JAPONAIS-LOU-TCHOU.

JAPONAIS.		LOU-TCHOU.	JAPONAIS.		LOU-TCHOU.
Ancre.	ikari.	iki.	Epaule.	kata.	kita.
Année.	nen (ch. niĕn).	ning.	Etain.	sɤzɤ.	chidɤ-kani.
Arbre.	ki.	ki.	Etoile.	fosi.	fɤchi.
Arc.	yɤmi.	yɤmi.	Femme.	wonna, wonago.	inago, oinago*.
Arc-en-ciel.	nizi.	nɤ-ɤdji.	Feu.	fi.	fi, omatsɤ*.
Aveugle.	mekɤra.	migɤa.	Feuille.	fa.	w'a.
Blanc.	siro.	chirɤsa (3).	Flèche.	ya.	ya.
Bambou.	take.	daki.	Fleur.	fana.	fana.
Bœuf.	wo-ɤsi.	wɤ-ɤchi.	Front.	fitai.	fitaych.
Boire.	nomɤ.	nɤmɤng.	Génie.	kami.	kame kanachi*.
Bouddha.	fotoke.	fotoke kanachi*.	Glaive.	tatsi.	tatchi, fosɪes*.
Branche.	yeda.	ida.	Grand.	o'o.	ɤw'oko.
Canon.	isibya.	ichibia.	Homme.	wotoko.	okega*.
Chair.	sisi.	chichi.	Il, lui.	are.	ari.
Chant.	ɤta.	ɤta.	Je.	ware, waga.	wang, waga.
Cheval.	mɤma.	ma (ch. ma).	Joue.	hoɤ.	hɤ.
Chien.	inɤ.	ing.	Jour.	fi, nitsi.	nitsi.
Ciel.	ten (ch. t'iĕn).	ting.	Langue.	sita.	sya (ch. chĕ).
Cou.	kɤbi.	kɤbi.	Laver.	ara'ɤ.	aradjɤng.
Couleur.	iro.	irɤ.	Lire.	yomɤ.	yɤmɤng.
Couleurs (de			Livre.	syomotsʼ (ch. chɤ-wĕ).	chimɤtsi.
plusieurs).	iro-iro.	irɤ-irɤ.	Lune.	tsɤki.	otsɤki kanachi*.
Cuivre.	akagane.	akɤgani.	Maison.	iye.	ya.
Dehors.	foka.	fɤka.	Mer.	ɤmi.	nami.
Dent.	fa.	'a.	Mercure.	midzɤ-kane.	midji-kani (4).
Doigt.	yɤbi.	ibi.	Mère.	fafa.	ɤmma, anmaa*.
Doux.	amaki.	amasa.	Métal.	kane.	kani.
Eau.	midzɤ.	midzi, ofei*.	Midi.	minami.	w'fa, fa.

(1) Les îles Lɤ-tchɤ, ainsi nommées par les indigènes (par les Chinois 琉球 liɤɤ-k'iɤɤ, par les Japonais ﾘｳ ｷｳ riɤ-kiɤ, et par les Mandchoux ﾘｳﾂﾞ liɤ-tsiɤ), forment un groupe de trente-sept îles situées au sud-ouest du Japon.

(2) Cf. CLIFFORD, Vocab. of the Loo-choo lang.

(3) Voy. chap. IV, § 1, 28.

(4) Clifford explique ce mot par lead « plomb ». C'est une erreur. Midji-kani, comme son équivalent japonais midzɤ-kane (水 銀), signifie littéralement « eau (liquide)-métal », et désigne l'argent-vif.

* Voy. Wa-kan-san-sai-dzɤ-ye, k. XIII, p. 22.

Mois.	*gets', göats* (ch. *yöé*).	*göatsi.*		Poitrine.	*möne.*	*möni.*
Montagne.	*yama.*	*yama.*		Pont.	*fatsi.*	*'achi.*
Nager.	*woyogö.*	*widjöng.*		Porc.	*böta.*	*böta.*
Nez.	*fana.*	*hona.*		Repas.	*mesi.*	*mechi*.*
Noir.	*köro.*	*korosa.*		Rire.	*föraö.*	*warrayöng.*
Nom.	*na.*	*na.*		Rivage.	*fama.*	*'ama.*
Nombril.	*feso.*	*w'özö.*		Riz.	*kome.*	*kömi.*
Nord.	*kita.*	*tchita.*		Sable.	*söna.*	*sina.*
Nuage.	*kömo.*	*kömö.*		Sang.	*tsi.*	*tchi.*
Occident.	*nisi.*	*nichi.*		Sel.	*sivo.*	*machö.*
OEil.	*me.*	*mi.*		Singe.	*sarö.*	*sarö.*
Oiseau.	*tori.*	*hotö.*		Soie.	*ito.*	*itchö.*
Ongle.	*tsöme.*	*t'imi.*		Soleil.	*fi, nitsi.*	*tida, oteda*.*
Oreille.	*mimi.*	*mimi.*		Sucre.	*satoö.*	*sata.*
Orient.	*figasi.*	*fingasi.*		Terre.	*tsötsi.*	*dji* (ch. *tï*).
Paille.	*wara.*	*wara.*		Tigre.	*tora.*	*töra.*
Palais.	*mya.*	*mia* (temple).		Tomber.	*taworö.*	*tawring.*
Papier.	*kami.*	*kabi.*		Tu.	*nandzi.*	*ya, yaga.*
Parler.	*monoi'ö.*	*mönöyöng.*		Tuer.	*korosö.*	*körachöng.*
Peau.	*kawa.*	*ka.*		Vache.	*me-ösi.*	*mi-öchi.*
Père.	*tsitsi.*	*seömai*.*		Vaisseau.	*föne, 'öne.*	*'öni.*
Perle.	*tama.*	*tama.*		Vent.	*kaze.*	*kazi.*
Pierre.	*isi.*	*ichi.*		Ventre.	*fara.*	*watta.*
Pinceau.	*föde.*	*'ödi.*		Vert.	*wosa.*	*osa.*
Pleuvoir.	*ame-förö.*	*ami-föyöng.*		Vin.	*sake.*	*saki, osake*.*
Pluie.	*ame.*	*ami.*		Voir.	*mirö.*	*miöng.*
Poisson.	*öwo, iwo.*	*iwo.*		Voiture.	*köröma.*	*köröma.*

Il nous eût été facile de dresser un vocabulaire beaucoup plus considérable de mots lou-tchou ayant de l'affinité avec le japonais, si nous n'avions craint de nous éloigner trop longtemps du but principal de cette Introduction. Qu'il nous suffise de dire que tout le matériel de la langue lou-tchou se rapproche autant du japonais que les mots de ces deux idiomes donnés ci-dessus à titre d'exemple ; d'où nous pouvons affirmer que les deux langues sont parfaitement sœurs (1). En outre, nous ajouterons que si, d'un côté, le vocabulaire des langues tartares paraît généralement très-différent de celui du japonais, la grammaire de ces divers idiomes présente des caractères frappants d'analogie, ainsi qu'on pourra s'en convaincre par l'étude des chapitres subséquents, et notamment par les observations que nous avons insérées à la fin de la partie grammaticale (2). Quelque idiome de la Sibérie ou quelqu'un de ses dialectes permettra-t-il de constater des rapports

---

(1) On pourrait même, à la rigueur, ne voir dans le lou-tchou, qu'un dialecte de la langue japonaise. Nous ne connaissons encore que trop imparfaitement le lou-tchou pour nous prononcer à cet égard. Cependant quelques observations (entre autres sur la forme des verbes) nous portent à considérer ce dernier idiome comme étant plus séparé du japonais que ne l'est ordinairement un simple dialecte.

(2) Chap. IV, pag. 58 et suiv.

réels entre les racines tartares et celles du japonais? Cela peut être : mais nous le répéterons pour nous résumer, il nous est seulement permis de constater jusqu'à présent, qu'il existe, à l'extrême Asie, un rameau linguistique comprenant le JAPONAIS et le LOU-TCHOU, dont les racines sont rebelles à se laisser rapprocher d'aucun autre idiome connu, mais dont la grammaire fait entrevoir une certaine parenté avec les idiomes tartares.

Si la langue japonaise ne paraît point avoir tiré son origine d'une langue étrangère, si elle paraît autochthone, du moins elle n'a pu se conserver toujours pure d'emprunts et rester inaccessible à l'influence littéraire des grandes nations qui ont dominé l'Asie occidentale par la puissance de leurs sciences religieuses, morales et politiques. Les Chinois, surtout, en épanchant leur civilisation sur celle des Japonais, en introduisant chez ces derniers leurs livres sacrés et philosophiques, répandirent au Japon le goût de leur littérature et l'usage de leurs caractères qui devinrent bientôt l'écriture savante du pays. Successivement un grand nombre d'expressions et de mots chinois s'incorporèrent dans le fonds de la langue japonaise, où ils furent rapidement naturalisés et admis dans la littérature, et même dans l'usage journalier. L'adoption de l'écriture idéographique et la formation des syllabaires japonais, qui en dérivent, contribua puissamment encore à nationaliser la langue chinoise au Japon. Aussi, dans l'état actuel, les Japonais puisent aussi librement dans le chinois que les écrivains hindoustani dans le persan et dans l'arabe.

L'introduction du bouddhisme au Japon a également contribué à corrompre le fonds de la langue japonaise, en lui faisant subir une influence indienne. Aussi rencontre-t-on, dans les livres japonais rédigés dans le langage des bonzes surtout, une série importante de locutions et de mots sanscrits plus ou moins défigurés. Les uns ne sont simplement que la transcription japonaise aussi exacte que possible des mots sanscrits, comme : イ ホ ソ ク *ibosok'*, sanscr. उपासक: *ŏpāsaka* (1); ラ ク レ ヤ *raksya* (*rakcha*), sanscr. लक्ष *lakcha* (2), etc. D'autres, au contraire, présentent la traduction, l'équivalent de la locution sanscrite, comme : = ヨ ラ イ *nyo-rai*, sanscr. तथागत *tat'āgata* (3); ゼ ン セ イ *zen-sei*, sanscr. सुगत *sŏgata* (4).

---

(1) *ŏpāsaka* « un disciple, un serviteur ».
(2) *Lakcha*. « On appelle ainsi dix fois dix mille (十 萬). » *Syogenzikō*, pag. 10. — *A lac, one hundred thousand*. WILSON, *Sanscr. Dict.*

(3) *Tat'āgata* « qui va comme (son prédécesseur) ».
(4) *Sŏgata* « le bienvenu ».

II.

DE L'USAGE DES CARACTÈRES CHINOIS AU JAPON.

Les Japonais, dans leurs livres, se servent fréquemment des caractères idéographiques des Chinois : aussi l'étude préalable de la langue de ces derniers est-elle indispensable pour parvenir à comprendre leurs ouvrages. En conséquence, nous croyons devoir exposer en quelques lignes les notions élémentaires de chinois dont la connaissance est nécessaire pour entreprendre l'étude du japonais. Quant aux règles particulières de la grammaire chinoise, nous ne saurions nous en occuper ici sans sortir de notre sujet; aussi sommes-nous obligé de renvoyer aux ouvrages spéciaux traitant de la langue idéographique.

1. L'écriture chinoise n'est point composée de lettres proprement dites, mais de caractères représentant ou figurant des idées, et auxquels on a donné le nom de *caractères idéographiques.*

2. Les caractères idéographiques ont été classés par les Chinois et par les Européens, dans leurs dictionnaires, suivant deux ordres différents : 1° l'ordre des clefs ou radicaux (部) ; 2° l'ordre phonétique.

3. Parmi les clefs, quelques-unes occupent constamment la même position, comme la 140ᵉ clef : 艹, 芋, 茶, 藥, 蘢, etc.; d'autres, au contraire, occupent successivement toutes les places possibles : de ce nombre est la 46ᵉ clef 山 dans les groupes 峈, 岬, 崇, 岳, 岡, 幽, 島, 嵇, 嵲, 盦, 磐, 罘, etc.

4. La plupart des dictionnaires chinois claviques sont rangés sous 214 radicaux classés eux-mêmes d'après le nombre des traits qui les composent (1).

5. Pour trouver un caractère chinois dans ces dictionnaires, il est d'abord nécessaire de reconnaître la clef dont il dépend, puis de compter le nombre de traits additionnels qui y sont joints (2).

---

(1) Voir la table des clefs chinoises dans la forme cursive (*ts'ào*) reproduite à la fin de cette Introduction.

(2) La méthode de compter les traits constitutifs des caractères idéographiques dépend uniquement du maniement du pinceau dont les Chinois se servent pour écrire. C'est pourquoi ⌐ ne compte que pour un trait ; les carrés ☐ ne comptent que pour trois. Les traits qui composent le caractère 禹 *yù*, par exemple, sont les suivants :

一 ， ⌐ 一 丨 ， 、 丨 ⌐

6. Le second ordre suivant lequel les dictionnaires chinois sont classés est celui des sons ou *phonétiques*. Les caractères chinois étant composés d'un radical et d'un groupe additionnel, reçoivent le plus souvent de celui-ci le son même du signe entier. Ainsi, le groupe phonétique 扁 *pien* donne sa prononciation aux caractères 偏, 蝙, 褊, 騗, 刷, 篇, 蕭, 區, 遍, etc., qui se prononcent tous *pien*.

7. Le son classique de chaque phonétique chinoise a subi quelques altérations plus ou moins sensibles, selon le lieu où il est exprimé. Le chinois de Canton, du Fo-kien, par exemple, offre des différences sensibles de prononciation avec le *kŏan-hŏa* ou langue commune. Les différentes nations étrangères qui emploient l'écriture chinoise (les Annamiques, les Coréens, les Japonais, etc.) en ont aussi altéré les sons originaux.

8. La différence qui existe aujourd'hui entre les sons des caractères chinois, à la Chine et au Japon, provient de la permutation de quelques syllabes initiales, et de l'addition de quelques consonnes finales dans le dialecte de ce dernier pays.

9. Les principales permutations de consonnes initiales sont les suivantes : *b* japonais pour *f* chinois ; *d* pour *n* ; *f* pour *p* ; *gy* pour *y* ; *k* pour *h* ; *m*, *b* pour *w*, *v* ; *s* pour *ch*, *tch*, *ts*, etc.

Dans les mots chinois commençant par *j*, cette lettre est transcrite, dans le dialecte japonais, par *z*, *zy (j)*, *n*.

10. Les monosyllabes chinois, dans l'idiome pur de Nanking, ne se terminent jamais par une consonne, si ce n'est par *n* et par *ng*, qui n'est autre chose que la représentation du son nasal. En japonais, au contraire, les finales *k*, *t* ou *ts*, entre autres, sont très-fréquentes. Ainsi, les caractères 國 *kŏĕ*, 耕 *káy*, se lisent en japonais *kok*, *kat* ou *kats*.

11. La terminaison nasale *ng* des mots chinois n'est pas également rendue dans le dialecte japonais. Elle est omise le plus souvent, ainsi qu'on le voit par l'exemple suivant :

	PRON. CHIN.	PRON. JAP.		PRON. CHIN.	PRON. JAP.
通	tŏng.	toʊ (1) (tŏ).	孟	méng.	baʊ (bŏ).
上	cháng.	syaʊ (syŏ).	丁	tĭng.	tei.

---

(1) Cette voyelle ʊ apparaît constamment pour la transcription des mots chinois terminés par la nasale *ng*, à l'exception de ceux où ces deux lettres sont précédées de la voyelle *i*. On pourrait peut-être comparer heureusement ce son avec celui de l'*o* dans le portugais *tição*, qui rend le mot français. *tison*. La voyelle japonaise ʊ aurait-elle possédé originairement une valeur nasale, comme, chez les Boughi, la voyelle ✓ *œ*, *œn*, ou *œng?*

12. Les voyelles finales usitées dans le dialecte chinois du Japon se rencontrent le plus souvent dans celui de Nanking ; d'autres fois, au contraire, on remarque quelques variations de voyelles entre les deux prononciations, comme : *a* japonais pour *ia ; ei, i* pour *ey ; ai* pour *öi ; ö* pour *eö,* etc.

13. Les Japonais, comme la plupart des peuples qui ont reçu des Chinois l'usage de l'écriture, ont ajouté aux signes idéographiques de ces derniers une série de caractères qui leur sont particuliers (1), et qui, quoique formés d'éléments chinois, n'en sont cependant pas moins étrangers à ceux-ci. Nous donnons ci-dessous un certain nombre d'entre eux, avec leur explication, que nous extrayons en grande partie du *Wa-kan-san-sai-dzö-ye,* k. XV, p. 38 et suiv.

辻 TSöZI. Caractère signifiant « carrefour ». Le signe 十 désigne qu'il va de l'orient à l'occident et du midi au nord. C'est un caractère à sens combiné (dont les éléments combinés forment le sens) (2).

峠 TöGE. Caractère ayant le sens de 嶺 *ling* « passage de montagne (*in montis semita,* BAS. ; ヤマミチ *yama mitsi,* GYOK-BEN) ». Il désigne les chemins accidentés dans les montagnes où il faut successivement monter et descendre. C'est un caractère à sens combiné.

梺 FöMOTO. Caractère vulgaire pour 麓 *lŏ,* qui signifie « le bas d'une montagne (*montium pes.* BAS.) ».

杣 SOMA. Ceux qui vont dans les montagnes et coupent les arbres sont généralement appelés 杣人 *soma-bito.* (Caractère vulgaire du Japon, signifiant « les montagnards qui habitent sous les arbres ».)

达 KOMö. Caractère vulgaire japonais. Correctement on emploie le caractère 入 *jï* « entrer ».

婩 DATE. Les personnes qui ont une figure belle et régulière sont appelées 婩 *date.*

躶 SIKKE. « La petite école (*siào-hïo*) », où l'on enseigne les rites et transmet les lois, s'appelle ainsi.

働 FATAWOK. Caractère ayant le sens de « se mouvoir ». Il est synonyme de 重力

鑓 YARI. Caractère vulgaire ayant le sens de 鎗 *ts'iāng* « lance, pique ».

---

(1) Dans les dialectes chinois de Canton, des Annamiques, des Coréens, on rencontre des caractères usuels qui, quoique présentant l'aspect des signes purement chinois, ne font cependant pas partie de ces derniers ; ainsi le groupe 嫲 *ná,* est cantonais ; 得 *ngày,* annamique ; 啄 *t'ă,* coréen.

(2) Caractère vulgaire de la dynastie actuelle. Autrement écrit 十字. *Syo-gen-zi-kō.*

14. Les Japonais attachent aussi à quelques caractères chinois des sens qu'ils n'ont pas en Chine. Il en est ainsi des suivants :

杜 MORI. Caractère chinois dont le sens est différent au Japon. — Nom d'un arbre. C'est aussi l'écorce de la racine d'un arbre ; mais les Japonais s'en servent dans le sens de « forêt ».

薄 SŬS'KI. Caractère signifiant en chinois : mince. Il veut dire aussi « endroit rempli d'herbes , pays fourré ». Les Japonais l'écrivent 荻, *Erianthus japonicus*.

梶 KATSI. Dans le *Sŏ-tsé-lŏï-pŏ*, il est dit : « Ce caractère veut dire « extrémités des arbres » ; mais les Japonais l'emploient pour *gouvernail*. »

灘 NADA. Dans le *Tséng-yún*, il est dit : « Ce caractère signifie « eau qui coule sur du sable » ; mais les Japonais lui donnent le sens de *grande mer, océan*. »

15. Les Japonais se servent fréquemment d'une écriture chinoise appelée *ts'áo-chŏ*, littéralem. « écriture de plantes » (1), laquelle est très-cursive et tend constamment à abréger les éléments qui composent les groupes chinois. Ces caractères offrent assez souvent des difficultés réelles de lecture pour les personnes auxquels ils sont étrangers (2).

16. Les différents caractères *ts'áo* sont également susceptibles de plusieurs formes quelquefois bien différentes les unes des autres, quoique tracées d'après des principes analogues.

17. Comme la construction phraséologique japonaise est essentiellement différente de celle des Chinois, les Japonais, dans leurs livres rédigés en chinois, font usage de certains signes destinés à leur faciliter la construction des phrases en les harmonisant avec le génie de leur propre langue. Ces signes sont : les chiffres 一, 二, 三 (3), destinés à indiquer la première, la seconde, la troisième partie d'une phrase ; 上, 中, 下 (4), représentant le commencement, le milieu et la fin d'une même proposition ; enfin, le signe ⌐ usité pour intervertir l'ordre de deux caractères.

---

(1) Il existe plusieurs recueils de ces caractères. Le *Ts'áo tsé wéy* «Dictionnaire des caractères ts'áo » contient entre autres une nombreuse collection de groupes chinois d'un extrême cursif qui, dans plusieurs endroits, sont dus à une sorte d'extravagances peut-être fort admirées en Chine, mais sans aucun doute beaucoup moins admirables pour nous.

(2) Les syllabaires *man-yŏ-kana* (forme cursive) et *yamato-kana* qui sont donnés au chapitre suivant, pl. II et III, ainsi que le Tableau des clefs chinoises inséré à la fin de cet ouvrage, présentent différents spécimen de *ts'áo* japonais.
(3) C'est-à-dire un (*itsi*), deux (*ni*) et trois (*san*).
(4) C'est-à-dire , supérieur, en haut (*syŏ*) , moyen, au milieu (*tsyŏ*), inférieur, en bas (*ka*).

III.

DE L'ÉCRITURE ET DES SYLLABAIRES JAPONAIS.

Le système graphique particulier aux Japonais comprend quarante-sept caractères dérivés des signes idéographiques chinois. Il est essentiellement syllabique. La série des éléments qui le composent s'appelle *irofa* (1), du nom de ses trois premières syllabes イ, ロ, ハ, de même que le mot *alphabet* provient de celui des deux premières lettres grecques *α*, *β*.

Les Japonais écrivent, comme les Chinois, de haut en bas, par colonnes verticales qui se suivent parallèlement de droite à gauche.

Les différents syllabaires japonais peuvent se diviser en deux classes. La première, comprenant ceux qui dérivent des caractères chinois droits et corrects, renferme l'écriture *kata-kana* et le *man-yò-kana* carré (prototype); la seconde, présentant des syllabaires dont les éléments ont pris leur origine dans la tachygraphie chinoise, appelée *ts'ào-chŏ,* contient le *fira-kana,* le *man-yò-kana* cursif, le *yamàto-kana,* l'*irofa* de *Zyak-seò,* etc.

SYLLABAIRE KATA-KANA. — Le syllabaire 偏ペン 假カ 字ジ *kata-kana* est composé de caractères formés d'éléments de groupes chinois (forme correcte). Les signes qu'il renferme ne se lient point entre eux, comme dans le *fira-kana,* et chaque syllabe n'est pas généralement susceptible d'être représentée par des caractères de formes différentes. Les légères variantes que l'on rencontre dans le *kata-kana* proviennent le plus souvent de la fantaisie de l'écrivain japonais et de l'impression xylographique, qui reproduisant exactement un tracé manuscrit, ne saurait obtenir la régularité parfaite de nos caractères typographiques. Quant aux variantes qui sont admises dans l'usage journalier, il est très-facile de les retenir, car elles sont toujours simples de forme, et ne diffèrent le plus souvent de la figure primitive que par quelques ligatures dans les traits constitutifs du caractère.

---

(1) Voici la traduction d'un passage du *Wa-kan-san-sai-dzŏ-ye* relatif à l'*irofa* et à ses inventeurs : « Les quarante-sept caractères de l'*irofa* formaient originairement une chanson. Les caractères, depuis la syllabe 以 *i* jusqu'à 遠 *wo* (ce qui en fait douze), furent composés par un religieux nommé Go-MYŎ; les autres, depuis 和 *wa* jusqu'à 寸 *sŏ* (au nombre de trente-cinq), furent ajoutés aux précédents par Kŏ-BŎ, qui avait le titre de *dai-zi,* c'est-à-dire « grand-maître ».

Voici la liste des signes qui composent ce syllabaire. Elle est rangée suivant l'ordre de l'*irofa*, c'est-à-dire suivant l'ordre naturel et indigène de cette écriture.

モ mo	三 mi	サ sa	コ ko	ヤ ya	井 I	ナ na	レ re	ワ wa	リ ri	ホ fo	イ i
セ se	シ si	キ ki	エ ye	マ ma	ノ no	ラ ra	ソ so	カ ka	ヌ nu	ヘ fe	ロ ro
ス su	ヱ e	ユ yu	テ te	ケ ke	オ o	ム mu	ツ tsu	ヨ yo	ル ru	ト to	ハ fa
ヒ fi	メ me	ア a	フ fu	ク ku	ウ u	子 ne		タ ta	ヲ wo	千 tsi	ニ ni

L'emploi du pinceau pour tracer leurs caractères conduit assez souvent les calligraphes japonais à faire quelques ligatures et à employer quelques variantes dans leurs ouvrages ; et comme les livres imprimés au Japon, généralement xylographiés, sont la reproduction fidèle du tracé de l'écrivain, il ne sera pas sans utilité de donner ici plusieurs exemples de ces sortes de licences, dont les Japonais sont quelquefois très-prodigues.

VARIANTES. — レ, レ´ pour シ *si*; ワ, ワ pour ツ *tsu*; フ pour ソ *so*; マ pour マ *ma*; ヂ pour ヂ *tsi*; ワ pour リ *ri*; ミ, ミ, ミ, pour 三 *mi*, etc.

Les principaux signes orthographiques de ce syllabaire sont les suivants :

ン *n* final, se plaçant à la fin des syllabes et des mots.

゜ *nigori*, ou signe d'adoucissement des syllabes (Voy. p. 18).

゛ *mars*, ou signe de renforcement des syllabes (Voy. p. 18).

Signes de redoublement de syllabes ou de mots.

Signes de redoublement de syllabes avec *nigori*.

Signe de l'allongement des syllabes.

Le syllabaire *kata-kana* comprend également quelques abréviations dont voici les plus usitées :

ᆂ pour イ ツ *i'u* ou *ifu*; ⼾ pour ト キ *toki*; ⼾ pour ト モ *tomo*; ⼾ pour ド モ *domo*; ᆂ pour タ マ *tama*; コ pour コ ト *koto*; ᆺ pour ナ リ *nari*; ⼾ pour レ テ *site*.

Les signes qui composent le syllabaire *kata-kana* sont composés de quarante-sept éléments ou parties de caractères chinois : c'est pourquoi on leur donna le nom

SYLLABAIRE *MAN-YO-KANA.*

萬葉假名

mi	ko	ï, wi, yi	re, le	ri, li	i
si, chi	ye	no	so	nǎ	ro, lo
e, ye	te	o	tsǎ	rǎ, lǎ	fa, va, ha
fi, vi, hi	a	kǎ	ne	wo	ni
mo	sa	ya	na	wa	fo, vo, ho
se, che	ki	ma	ra, la	ka	fe, ve, he
sǎ	yǎ	ke	mǎ	yo	lo
	me	fǎ, vǎ	ǎ	la	li, tsi, tchi.

Je Rosny dirext.   Lithogr. Orient. Callet.

de *kata-kana*, c'est-à-dire « caractères de fragments ». Le tableau suivant présente les caractères chinois d'où sont dérivés les différents signes de l'irofa *kata-kana*.

モ 毛 セ 世 ス 須	三 三 ヱ 之 ヒ 慧	サ 薩 キ 幾 弓 メ 女	ユ 己 エ 江 テ 天 ア 阿	ヤ 也 マ 末 ケ 介 フ 不	ヰ 井 ノ 乃 オ 於 ク 久	ナ 奈 ラ 良 ム 牟 ウ 宇	レ 礼 ソ 曾 ツ 川 子 子	ワ 和 カ 加 ヨ 與 タ 多	リ 利 ヌ 奴 ル 流 ヲ 乎	ホ 保 ヘ 乀 ト 止 チ 千	イ 伊 ロ 呂 ハ 半 ニ 仁

Il est bon de remarquer que, parmi les quarante-sept caractères japonais *kata-kana*, quatre seulement conservent la totalité des traits constitutifs des signes chinois qui leur ont donné naissance ; ce sont : チ *tsi*, ヰ *i*, ネ *ne*, ミ *mi*.

MAN-YÔ-KANA. — Le troisième syllabaire reproduit ci-dessous est appelé 萬 ン 葉 ヲ 假 カ 字 ナ *man-yô-kana*, ou « caractères des dix mille feuilles (1) ». Il est composé de caractères chinois qui représentent les diverses syllabes de l'irofa.

Voici le prototype de ce syllabaire dans la forme chinoise correcte.

毛 mo	美 mi	佐 sa	己 ko	也 ya	爲 i	奈 na	禮 re	和 wa	利 ri	保 fo	以 i
世 se	之 si	幾 ki	江 ye	萬 ma	乃 no	良 ra	曾 so	迦 ka	奴 nu	血 fe	呂 ro
寸 su	惠 e	由 yu	天 te	計 ke	於 o	武 mu	津 tsu	與 yo	囉 ru	登 to	波 fa
	飛 fi	女 me	安 a	不 fu	久 ku	宇 u	禰 ne	大 ta	遠 wo	知 tsi	仁 ni

On pourra comparer avec fruit ces caractères avec ceux qui sont reproduits sur la pl. II, où ils sont dans la forme cursive appelée par les Chinois *ts'ào-chŏ*.

---

(1) Ainsi appelés parce qu'ils avaient été employés à écrire l'ancienne collection de vers connue sous le nom de *man-yô-si'ŏ*, littéralem. « Collection des dix mille feuilles ».

SYLLABAIRE FIRA-KANA. — L'écriture japonaise la plus employée pour les publications historiques, les romans, les recueils de poésie, les ouvrages de littérature légère, et pour la plupart des livres populaires généralement répandus dans les principales villes du Nippon, est appelée 平ち假ヵ字ナ *fira-kana.* Elle tire son origine de l'écriture chinoise *tsʼao-chŏ,* et comme cette dernière, elle est susceptible d'être tracée d'une manière extrêmement cursive ; aussi présente-t-elle quelquefois des difficultés réelles à la lecture. Voici la liste des quarante-sept signes de l'*irofa* dans la forme *fira-kana* :

mo	mi	sa	ko	ya	r	na	re	wa	ni	fo	i
se	si	ki	ye	ma	no	ra	so	ka	nu	fe	ro
su	e	yu	te	ke	o	mu	tsu	yo	ru	to	fa
fi	me	a	fu	ku	u	ne	ta	wo	tsi	ni	

Les signes orthographiques attachés au syllabaire *fira-kana* sont :

ン *n* final, se plaçant à la fin des syllabes et des mots.

˙ *nigori,* signe d'adoucissement (Voy. p. 18).

° *maru,* signe de renforcement (Voy. p. 18).

ヽヾ Signes de répétition d'une syllabe avec ou sans *nigori.*

〱〲 Signes de redoublement de syllabes ou de mots avec ou sans *nigori.*

Les syllabes *fira-kana* se lient les unes aux autres et modifient légèrement leurs formes, selon qu'elles sont isolées, initiales, médiales ou finales. Ainsi, la syllabe *te* prend les formes ㇟, ㇟, ㇟, ㇟, suivant la place qu'elle occupe dans le tracé des mots japonais.

La plupart des caractères *fira-kana* sont susceptibles de plusieurs formes ; en outre, chacun d'entre eux est le plus souvent susceptible de varier quant à son tracé, selon que l'écrivain veut abréger plus ou moins la forme primitive. Ainsi, le caractère chinois 乃 *này* a formé la syllabe japonaise の *no* (*kata-kana* ノ), qui prend également les formes の, の, qui ne sont autre chose que la reproduction plus ou moins cursive du caractère radical.

SYLLABAIRE FIRA-KANA.

平假名

mi	ko	ï	re, le	ri, li	i
si, chi	e.	no	so	n ʋ	ro, lo
ye	te	o	ts ʋ	r ʋ, l ʋ	fa, va
fi, vi,	a	k ʋ	ne	wo	ni
mo	sa	ya	na	wa	fo, vo
se, che	ki	ma	ra, la	ka	fe, ve,
s ʋ	y ʋ	ke	m ʋ	yo	to
n, final	me	f ʋ, v ʋ	ʋ	ta	tsi, tchi

de Rosny dirext

Lithogr. Orient. Callet.

SYLLABAIRE *YAMATO-KANA*.

倭假名

mi	ko	ı,wi,yi	re,le	rı,li	i
sı, chi	ye	no	so	nʁ	ro,lo.
e,ye	te	o	tsʁ	rʁ,lʁ	fa.va.ha
fi,vi,hi	a	kʁ	ne	wo	ni
mo	sa	ya	na	wa	fo,vo,ho
se,che	ki	ma	ra,la	ka	fe,ve,he
sʁ	yʁ	ke	mʁ	yo	to
	me	fʁ,vʁ	ʁ	ta	ti,tsi,tchi

de Rosny direx.ᵗ   Lithogr. Orient. Callet

SYLLABAIRE *DE ZYAK-SEÔ*

mi	ko	i, wi, yi	re, le	ri, li.	i
si, chi	ye	no	so	nʊ	ro, lo.
e, ye	te	o	tsʊ	rʋ, lʊ	fa, va, ha.
fi, vi, hi	a	kʊ	ne	wo	mi
mo	sa	ya	'na	wa	fo, vo, ho.
se, che	ki	ma	rɛ, la	ka	fe, ve, he
sʊ	yʊ	ke	mʊ	yo	to
	me	fʊ, vʊ	ʊ	ta	ti, tsi, tchi

昭寂
いろは

La syllabe *fira-kana* 〔 *si* prend quelquefois une forme recourbée 〔, et enveloppe alors le caractère qui la précède dans la lecture, comme 〕〕 *rasi*, 〕〕 *ozi*, etc.

YAMATO-KANA. — Le syllabaire 倭 假 名 *yamato-kana* « écriture japonaise (par excellence) » est composé de caractères chinois extrêmement cursifs, dépendant de l'écriture *ts'ao-chŏ*, dont nous avons déjà parlé. Ainsi, la syllabe *i*, dérivée du chinois 以, a pour tracé 以 en *man-yŏ-kana*, et ろ en *yamato-kana*.

Les différents signes de ce syllabaire sont susceptibles d'être liés, soit entre eux, soit simultanément avec ceux des autres écritures japonaises.

SYLLABAIRE DE ZYAK-SEÔ. — Il existe encore une autre série de signes japonais, appelée syllabaire de Zyak-seô, du nom de son inventeur. Nous donnons ci-jointe (Pl. IV) la liste des signes qui la composent, d'après la grande Encyclopédie japonaise (1). On remarquera facilement qu'une partie des caractères de Zyak-seô se retrouvent sous la même forme dans le syllabaire *fira-kana*.

Sous le règne du daïri Itsi-sio-no-in, dans la seconde année du nengo *Tsyŏ-fo* (an 1000 de notre ère), le bonze Zyak-seô, de la pagode Yen-ri-si, alla chez les Soung (empereurs de la Chine), d'où il rapporta l'*irofa*. Zyak-seô s'appelait aussi Yen-tsŏ-dai-zi, c'est-à-dire, « le grand-maître qui a une intelligence parfaite ».

Il existe encore, au Japon, une écriture particulière nommée 梵字 *bon-zi*, qui, malgré les altérations qu'elle a dû subir avec le temps, a néanmoins conservé le caractère de l'écriture indienne *déva-nâgari*, qui vraisemblablement lui a donné naissance. Elle a été employée par les moines bouddhistes, dans quelques-uns de leurs livres religieux.

Quant à l'usage de ces différents syllabaires, il nous semble utile de rappeler encore que, généralement, le *kata-kana* s'emploie avec les caractères chinois droits, tandis que le *fira-kana* se joint aux textes pour lesquels on se sert de caractères cursifs. Les autres écritures japonaises sont d'un emploi beaucoup moins fréquent : aussi, croyons-nous ne devoir pas nous en occuper davantage dans cette introduction (2).

---

(1) *Wa-kan-san-sai-dzŏ-ye*, k. XV, pag. 36 v°.
(2) On trouvera, dans un travail que nous publierons très-prochainement *Sur les syllabaires japonais*, tous les détails nécessaires pour acquérir aussi rapidement que possible une con- naissance exacte des différentes écritures du Japon. Nous y renfermerons une suite de remarques sur la structure et la combinaison des divers caractères japonais, ainsi que de nombreux exemples destinés à faciliter l'intelligence du texte.

OBSERVATIONS GÉNÉRALES SUR LES SYLLABAIRES JAPONAIS ET SUR LA PRONONCIATION
DE LEURS CARACTÈRES.

Les syllabes japonaises sont susceptibles d'être modifiées, soit par l'addition de deux signes ou accents (le *nigori* ٬ et le *marʊ* ˚), soit par leur combinaison entre elles.

Les labiales, par l'addition du *nigori* et du *marʊ*, se modifient ainsi qu'il suit :

Syllabe simple,	ハ *fa*	ヘ *fe*	ヒ *fi*	ホ *fo*	フ *fʊ*.
avec nigori,	バ *ba*	ベ *be*	ビ *bi*	ボ *bo*	ブ *bʊ*.
avec marʊ,	パ *pa*	ペ *pe*	ピ *pi*	ポ *po*	プ *pʊ*.

Les gutturales et les sifflantes changent ainsi qu'il suit leur valeur par l'addition du *nigori :*

Syllabe simple,	カ *ka*	ケ *ke*	キ *ki*	コ *ko*	ク *kʊ*.
avec nigori,	ガ *ga*	ゲ *ge*	ギ *gi*	ゴ *go*	グ *gʊ*.
Syllabe simple,	タ *ta*	テ *te*	チ *ti (tsi, tchi)*	ト *to*	ツ *tʊ (tsʊ)*.
avec nigori,	ダ *da*	デ *de*	ヂ *di (dzi, dji)*	ド *do*	ヅ *dʊ (dzʊ)*.
Syllabe simple,	サ *sa*	セ *se*	シ *si, chi*	ソ *so*	ス *sʊ*.
avec nigori,	ザ *za*	ゼ *ze*	ジ *zi, ji*	ゾ *zo*	ズ *zʊ*.

Les syllabes suivantes se permutent entre elles :

イ *i* avec ヰ *ï*	エ *e* avec エ *ye*	ハ *fa* avec ワ *wa*	ヂ *dzi* avec ヰ *zi*
ヒ *fi* — ヰ *ï, イ i*	ヘ *fe* — エ *e*, エ *ye*	ホ *fo* — ヲ *wo*	ヅ *dzʊ* — ズ *zʊ*

La voyelle *a,* et cette même lettre dans les syllabes *fa, wa, ka, ta, na, ra, ya, sa,* suivie de la voyelle ウ *ʊ*, se combine avec cette dernière et devient *ō ;* suivie de la syllabe フ *fʊ*, elle se prononce *ô*.

Lorsque la voyelle *o,* ou cette même lettre dans toutes les syllabes où elle se rencontre, est suivie du son ウ *ʊ*, elle se combine également avec celle-ci et se prononce *ō*, etc.

La voyelle *e,* jointe à la voyelle ウ *ʊ*, forme la diphthongue *eô*, qui se rapproche souvent de très-près du son de l'*o* isolé.

L'*i* final s'élide devant les syllabes *ya, yo, yʊ*. Ainsi, ニヤ *ni-ya* devient *nya* ou *ña*.

La syllabe ヒ *fi*, précédée d'une voyelle, prend généralement le son de *i* (*hi*) ; jointe au caractère イ *i*, elle se combine avec lui pour former l'*ī* long (*ii*).

L'*ʊ* final, dans les différentes syllabes où il se rencontre, suivi du caractère フ *fʊ*, se combine avec lui et devient ʻ*ō* long.

Les caractères *ƒ tsi* et *ι si*, suivis des syllabes *ya, yo, yʊ*, se combinent avec celles-ci ainsi qu'il suit :

ƒ ʈ	*tsi-ya* devient	*tsya* ou *tcha.*	ƒ ʈ	*dzi-ya* devient	*dzya* ou *dja.*
ƒ ヨ	*tsi-yo* —	*tsyo* *tcho.*	ƒ ヨ	*dzi-yo* —	*dzyo* *djo.*
ƒ ユ	*tsi-yʊ* —	*tsyʊ* *tchʊ.*	ƒ ユ	*dzi-yʊ* —	*dzyʊ* *djʊ.*
y ʈ	*si-ya* devient	*sya* ou *cha.*	y ʈ	*zi-ya* devient	*zya* ou *ja.*
y ヨ	*si-yo* —	*syo* *cho.*	y ヨ	*zi-yo* —	*zyo* *jo.*
y ユ	*si-yʊ* —	*syʊ* *chʊ.*	y ユ	*zi-yʊ* —	*zyʊ* *jʊ.*

Lorsque le caractère *y tsʊ*, au milieu des mots, est suivi d'une syllabe forte, il perd sa propre valeur pour prendre celle de la consonne qu'il précède (1). Ainsi, le mot = *y* 木 ン *ni-tsʊ-fo-n* doit se prononcer *nippon*, ィ *y* 力 *i-tsʊ-ka* se lire *ikka* (2).

Lorsqu'un Japonais prononce un mot terminé par *i* ou par *ʊ*, ces voyelles sont tellement brèves, qu'elles ne sont presque pas entendues. Ainsi, les mots *fitotsʊ*, *kokʊ*, ne rendent distinctement que les sons de *fitots'* ou *fitot'* et de *kok'* ou *kokf* dans certaines provinces du Japon.

La voyelle *e* doit se prononcer à peu près comme l'*e* latin, ou comme l'*é* accentué français ; il n'a jamais le son de notre *e* muet.

Dans certaines provinces du Japon, la lettre *f*, dans les syllabes ハ ヘ ヒ ホ フ *fa, fe, fi, fo, fʊ*, a le son de l'*f* français ; dans d'autres parties de l'empire, elle se prononce à peu près comme *h* (à l'exception du caractère フ, qui conserve généralement le son de *fʊ*), ou mieux d'une manière intermédiaire entre le son de notre *h* et celui de notre *f* (3).

Le *g*, dans les mots japonais, est toujours dur. Ainsi, les syllabes ゲ *ge*, ギ *gi*, se prononceront toujours comme *gué, gui*, et non *jé, ji*.

Pour la prononciation de la lettre *h*, se reporter à l'observation relative à celle de l'*f*.

La prononciation de la lettre *l* se trouve exposée ci-dessous, à la remarque relative à l'*r*.

---

(1) Des contractions euphoniques analogues se rencontrent dans un certain nombre de langues. En arabe, par exemple, le ل s'élide devant les consonnes dites solaires; ainsi, les mots الشمس, السلطان, écrits *el-chems, el-sʊlt'an*, doivent se lire *ech-chems, es-sʊlt'an*.

(2) La syllabe *y tsʊ* est très-brève et se réduit

presque au simple son du *t*, ce qui transforme le premier exemple en *nitpon* et le second en *itka*. Dès lors on comprendra facilement les modifications euphoniques qui surviennent dans la prononciation de ces deux mots.

(3) Cette prononciation se rapproche de celle de la lettre *h* dans le mot espagnol *hermoso.*

L'*n* final (1) des syllabes se change en *m* devant les labiales.

Le son *p* donné aux syllabes *fa, fe, fi, fo, fŏ,* par l'addition d'un petit cercle ('), ne se rencontre guère que dans les mots d'origine étrangère, et est le même que le nôtre.

Les Japonais ne possèdent pas précisément le son *r,* et ne savent pas le plus souvent faire de différence entre cette lettre et l'*l.* Dans plusieurs provinces, il semble que le son consonnaire des syllabes ラ レ リ ロ ル *ra, re, ri, ro, rŏ,* tienne tout à la fois de celui de l'*r* et de celui de l'*l,* ou qu'il soit un son mixte (2).

Quelle que soit la place que la lettre *s* occupe dans un mot, elle doit toujours se prononcer comme s'il y avait *ss* ou *ç.* Ainsi, *asa* sera lu *assa,* ou mieux *aça,* et non *aza.*

Les caractères チ et ツ représentent les syllabes *ti* et *tŏ,* qui manquent dans la série syllabique des *t :* aussi ces caractères ont-ils quelquefois cette prononciation ; mais le plus souvent le premier est prononcé *tsi,* et ailleurs *tchi ;* le second a un son se rapprochant assez de *tsŏ* (3).

Le son *v* remplace quelquefois le son de l'*f* des syllabes japonaises. C'est généralement une loi euphonique qui règle ce changement.

Le son consonnaire de l'*y* se rencontre surtout, en japonais, dans les syllabes ヤ ヨ ユ *ya, yo, yŏ.* Le caractère エ *ye* se confond fréquemment, sous le rapport de la prononciation, avec l'エ *e* (4). La syllabe ヘ *fe* a très-souvent le son de *ye.*

Le son de la lettre ヰ *yi* se distingue quelquefois de celui de l'イ *i ;* mais le plus souvent on ne saurait apprécier la différence qui existe entre le son de ces deux lettres. Dans certaines parties du Japon, la lettre ヰ *yi* se prononce à peu près comme *yi,* dans d'autres comme *wi.*

---

(1) The last and forty-eighth syllable [ン *n*] is an imperfect nasal sound, and was added subsequently to the formation of the preceding syllabary, and apparently for the purpose of representing chinese sound ending in *ng.* In composition its sound is always *n,* but alone it resembles a half enunciated *ng,* and is formed by putting the tongue on the roof of the mouth, and then making a sound in the throat. — *Chinese Repository, Notices of Japan,* n° VIII, p. 210-212.

(2) When either of these five syllables [*ra, re, ri, ro, rŏ*] begins a word, the *r* is sometimes pronounced as if preceded by a soft *d. Lib. cit.*

(3) Le P. COLLADO s'exprime ainsi qu'il suit sur la prononciation du caractère japonais ツ *tsŏ :* « In nulla lingua alia est talem pronunciationem invenire : non enim pronunciatur ut *tç,* aut ut *s,* vel *c,* solum, sed violenter percutiendo lingua dentes, ita ut utraque littera, et *t,* et *c,* et plus *ç,* quam *t,* feriri videantur. » *Ars Grammaticae iaponicae lingvae,* p. 5.

(4) There appears to be little or no difference between the sounds of the syllables *i* and *wi, e* and *ye.* The natives whom whe have consulted, however, (and they are from three principalities) make no difference between them either in sound or use. *Notices of Japan,* p. 212.

CALLIGRAPHIE CHINOISE ET JAPONAISE.

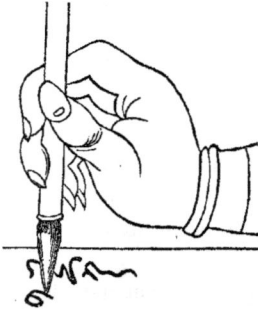

Les Japonais comme les Chinois se servent d'un pinceau pour tracer leurs caractères. La manière dont se tient le pinceau est indiquée par la figure intercalée ci-contre. D'abord on éprouve quelques difficultés à se conformer à ce maniement ; mais après quelques essais successifs, on s'y habitue facilement, et l'on acquiert ainsi plus d'habileté, plus de légèreté et plus d'élégance dans le tracé des caractères.

La calligraphie japonaise comprend trois parties principales : 1º celle qui concerne le tracé des caractères chinois, écriture courante (*hîng-chŏ*) ; 2º celle des caractères cursifs avec ligatures et abréviations (*ts'ào-chŏ*) ; 3º enfin, celle des différents syllabaires japonais, qui dérive toujours de l'un ou de l'autre des systèmes calligraphiques précédents.

On trouvera, dans la Chrestomathie chinoise de Bridgeman (1), le texte original et la traduction d'un petit ouvrage sur l'art d'écrire correctement et avec élégance les différents caractères chinois. L'étude de ce traité spécial, joint à un exercice fréquent du pinceau, apprendra promptement la calligraphie chinoise correcte. Quant à la tachygraphie *ts'ào*, on ne pourra se la rendre familière qu'en comparant les diverses formes d'un même caractère dans les dictionnaires spéciaux, relatifs à cette écriture. En outre, on fera bien de copier quelques textes renfermant les caractères les plus usités, tels que le *Ts'iēn-tsé-wên*, dont il existe différentes éditions publiées en *ts'ào*. Quant aux ouvrages destinés à enseigner les principes de cette écriture, ils ne contiennent le plus souvent que des règles peu importantes, et ne méritent d'être consultés qu'à cause des bons exemples qu'ils renferment.

Quant au tracé des caractères qui composent les différents syllabaires japonais, il n'offrira plus de difficultés, lorsqu'on se sera quelque peu familiarisé avec les deux genres précités d'écritures chinoises.

_____

(1) *A chinese Chrestomathy, in the Canton dialect,* by E. C. BRIDGEMAN. Macao, 1841, in-4º, pag. 19 suiv.

IV.

GRAMMAIRE JAPONAISE.

La langue ancienne de la nation japonaise, libre d'emprunts étrangers, a su résister aux révolutions des temps, et, employée par les poëtes, elle s'est conservée jusqu'à présent, où l'on peut la retrouver encore usitée à la cour des daïris (1). Cette belle langue des anciens Japonais est désignée par les indigènes sous le nom de 和語 *yamato kotoba,* c'est-à-dire « langue de la province de Yamato », dont la principale ville, Myako, était jadis la résidence des souverains japonais. Cet ancien idiome se distingue surtout par l'absence des labiales, par la stabilité des voyelles, par l'emploi sévère des terminaisons grammaticales, et par l'usage de nombreuses particules, destinées à se joindre aux différents mots de la langue pour en fortifier, pour en préciser la valeur, et pour ajouter, en même temps, une harmonie nouvelle à des phrases qui, sans leur secours, seraient froides et monotones pour celui qui les lit ou qui les entend prononcer.

L'idiome actuel des insulaires du Japon comprend plusieurs dialectes qui offrent, les uns et les autres, des différences plus ou moins sensibles avec la langue pure des anciens habitants. Au nord du Japon se trouve un dialecte particulier (2) qui se distingue par la présence de quelques nasales ; par celle d'un son tendant plus vers l'*r* que vers l'*l* dans les syllabes *ra, re, ri, ro, rŏ ;* enfin, par l'aspiration aiguë de quelques lettres. — Le dialecte du sud, dont le siége principal est dans l'île Kiou-siou, et que l'on remarque surtout à Nagazaki et dans ses environs, se distingue du précédent par la présence plus fréquente de mots empruntés au chi-

---

(1) En effet, la plupart des poésies populaires, des chants religieux et nationaux, sont rédigés dans l'ancien idiome du Japon. « In aula *impera-* » *toris (mikado)*, ubi sancta veneratio majorum » in Deos relatorum sacra, mores et instituta » religione servat, antiquo sermone adhuc lo- » quuntur. » Siebold, *Isagoge in bibliothecam japonicam*, p. xxv.

(2) Au septième siècle, la partie septentrio-

nale du Japon, suivant M. de Siebold, était habitée par un peuple qui, s'il n'était pas le même que celui qui habite aujourd'hui Yézo et les autres Kourilles, lui était toutefois rapproché par une parenté étroite. Les rapports des Japonais avec ces peuples (appelés *Aïno*) donna naissance à un dialecte employé dans les provinces de Moutsou, de Dewa, de Yetsigo, et dont on rencontre encore des traces manifestes au midi, à Yédo.

nois ; par celle d'un son très-voisin de l'*l* ; par celle de l'*ʃ* initiale ; par l'élision d'un grand nombre de voyelles à la lecture ; enfin, par l'usage d'un certain nombre d'expressions empruntées aux idiomes des nations européennes (1) et asiatiques, dont les vaisseaux ont abordé le plus souvent dans les ports japonais.

La langue japonaise subit aussi de grandes altérations lors de l'introduction de la littérature chinoise au Japon. Celle-ci paraît avoir commencé à se répandre dans cet empire, sous le règne du seizième daïri *O-zin-ten-wō* (de 270 à 312 de notre ère) (2).

Riche en composés variés et sonores, la langue des anciens Japonais était harmonieuse et expressive à un très-haut degré. L'idiome moderne est devenu, avec le temps et par le commerce des étrangers, plus dur et moins prodigue de voyelles. Cependant, à l'époque actuelle, la langue japonaise présente encore un ensemble varié de lettres simples et de composés euphoniques. Elle possède cinq voyelles (*a, e, i, o, ʃ*) qui se combinent entre elles pour former des sortes de diphthongues. L'*u*, que l'on rencontre chez les Chinois, manque chez ces insulaires. Quant aux consonnes, la presque totalité de celles qui existent dans l'alphabet latin se retrouvent également dans le syllabaire japonais : l'*l* et l'*r*, comme nous l'avons dit, s'y confondent fréquemment. Il est rare que deux consonnes paraissent simultanément en japonais, si ce n'est par l'élision ou par la prononciation très-brève de certaines voyelles intermédiaires.

Les Japonais divisent leur grammaire en trois parties principales, comprenant : le nom, le verbe et les particules (3). Vu le peu de place qui doit être consacré

---

(1) En effet, on rencontre dans la langue vulgaire du Japon méridional un certain nombre de mots portugais et hollandais plus ou moins défigurés. Voy. C. P. THUNBERG, *Observationes in linguam japonicam* (*Nov. act. Reg. Soc. scient. Upsal.*, vol. V, pag. 268-269).

(2) On lit à ce sujet, dans le *Nippon-wō-dai-itsi-ran*, k. I, pag. 14 r° :
Kono yo-ni , ſiak-saï kʃni yori , wo-nin to iyerʃ ſaka-se, ron-go tō-no syo mots wo motsite raï teō ʃʃ. Daï-si ʃdzi-no wakaï-ratsʃ-go korewo si to site, syo-wo yomi naraſou (naró).
Sous ce règne, un grand lettré nommé Wangjin vint du royaume de Païk-tse (en Corée) faire sa cour au Japon, apportant avec lui le Livre des Discussions philosophiques (*Lún-yù*), et d'autres ouvrages du même genre. Le prince héréditaire

Oudzino Wakaï-ratsʃ-go eut Wang-jin pour maître ; celui-ci lui apprit à lire.

(3) Le P. RODRIGUEZ explique ainsi la division grammaticale des Japonais : « Os Japoens comprendem todas as partes da oração da sua lingoa de baixo de tres palavras : a primeira he *na* [ナ na 名ナ字同], que sinifica nome, de baixo do qual comprendem todos os nomes substantivos, as conjugaçoens, interjeiçoens, prepoziçoens, ou pospoziçoens, e quaesquer outros vocabulos que tem propria letra, que não são verbos. A segunda he *cotoba* [コトバ言コト], que sinifica verbo, de baixo da qual se comprende toda a sorte de verbos. A terceira he *te, ni, ſa* [テニハ *te-ni-ſa*

ici à la grammaire japonaise proprement dite, nous avons cru, pour la clarté du travail, devoir la diviser en neuf sections analogues à celles de nos grammaires européennes. Nous essayerons, dans chacune d'elles, de faire comprendre brièvement et autant que nous le pourrons la valeur réelle que possède chaque mot, en conservant à la langue tout son génie et toute son originalité.

§ I. NOM OU SUBSTANTIF.

1. Les noms japonais peuvent se diviser en deux classes principales, comprenant les noms propres et les noms communs.

2. Parmi les noms propres, on distingue les noms propres d'hommes, comme オトバ *otoba*, クヲリン *kwō-rin*; les noms de pays, de villes, de fleuves, de montagnes, etc., comme ニッホン *nippon* (日 本) « le Japon », ヲワリ *owari* (尾 張) « la province d'Owari », ナガザキ *nagazaki* (長 崎) « la ville de Nangasaki » ; les noms géographiques, etc.

3. Les noms propres japonais sont souvent d'origine chinoise, seulement ils sont prononcés dans le dialecte japonais. Ex.: レンム *sin-mŏ* (ch. 神 武 *chen-wŏ*), nom du premier *daïri* ou empereur du Japon.

4. Les noms propres sinico-japonais, aussi bien que ceux qui ont une origine purement japonaise, sont, dans les livres originaux, généralement transcrits en caractères chinois. Dans les ouvrages écrits en *fira-kana*, ces derniers sont tracés en écriture cursive ou *ts'âo*.

5. Les substantifs communs sont, ou purement japonais, comme ツチ *tsŏtsi* (地) « la terre », トリ *tori* (鳥) « l'oiseau » ; ou sinico-japonais (d'origine chinoise), comme 天 *ten* (ch. *t'ien*) « le ciel », 金 *kin* (ch. *kin*) « l'or » .

6. Les noms ou substantifs japonais ne possèdent point de genres réels ; seulement on peut leur ajouter quelquefois des particules qui servent à déterminer à quel sexe ils appartiennent. Pour les mammifères, par exemple, la préfixe ヲ *o* dé-

---

出 於 葉], ou *te, ni, vo, fa* [テ ニ ヲ ハ *te-ni-wo-fa* 出 爾 乎 波], ou *sutegana* [ステガナ *sŏte-ga-na* 棄 假 名], ou *vokiji* [ヲキジ *wokizi* 直 字], de baixo da qual comprendem os artigos dos cazos dos nomes, e todo o genero de particulas, assim dos tempos, como todas as de mais de qualquer sorte que sejão, que não tem letra propria, mas são da lingoa japoa natural. » *Arte breve da lingoa japoa; ms.* p. 52 r° et v°.

signe le masculin, et メ *me* le féminin. Ex.: ヲウレ *o-ssi* (牯ウ) « taureau »; メウレ *me-ssi* (犉メ) « vache »; ヲムマ *o-mɤma* (駿ム) « cheval »; メムマ *me-mɤma* (騎ム) « jument ». Pour les oiseaux, on emploie les mots ヲンドリ *ondori* (雄ンドリ) et メンドリ *mendori* (此隹メンリ). Ex.: ニハトリ ヲンドリ *nivatori ondori* « coq »; ニハトリ メンドリ *nivatori mendori* « poule ».

7. Les substantifs japonais sont susceptibles d'être modifiés par l'addition de quelques particules ou suffixes qui leur servent d'article, et qui, en leur étant annexés, constituent une sorte de déclinaison. Ces particules sont : ハ *va*, ノ *no*, ガ *ga*, ニ *ni*, エ *ye*, ヲ *wo*, ヲハ *woba*, ヨリ *yori*, カラ *kara*, etc.

8. ハ *va* (者ハ) est une particule qui, en japonais, tient lieu d'article déterminatif ou partitif. Sa valeur, telle qu'elle est exprimée par 者レ *sya*, est : « ce qui a rapport à, quant à, ce qui est », etc.

9. ノ *no* (之ノ) est la particule spéciale du génitif.

10. ガ *ga* est une particule qui sert aussi pour exprimer le génitif, mais qui s'emploie également pour le nominatif.

11. ニ *ni* (于ニ), qui signifie « à, dans, vers », sert à former le datif, et remplace ainsi notre article « au, à la ».

12. エ *ye* (于エ) indique le mouvement d'un lieu dans un autre ; il signifie « à, vers ».

13. ヲ *wo* désigne l'accusatif et n'est représenté par aucun caractère chinois particulier. L'accusatif s'indique également par l'emploi de ヲハ *wo-ba*.

14. ヨリ *yori* (自ヨリ, 於同, 從同) est employé pour exprimer l'ablatif; il a la valeur du latin « ex » ou de l'anglais « from ».

15. カラ *kara* (自カラ) sert également à la formation des ablatifs, et, comme le précédent, signifie « de, par », etc.

16. Il y a, en japonais, d'autres particules suffixes qui se joignent aux noms pour modifier leur valeur phraséologique ; mais comme elles ne se rattachent pas précisément à la déclinaison, nous n'en parlerons point dans ce paragraphe. [Voy. § VIII, POSTPOSITIONS.]

17. Le nominatif se distingue le plus souvent par l'absence de toute particule.

18. Le génitif s'indique, comme nous l'avons dit, par les particules ノ *no*, ガ *ga*; mais celles-ci ne sont pas toujours absolument nécessaires.

4

19. Le pluriel se forme : 1° par la répétition du mot troublé ou adouci, comme 人 ヒ ト *fito* « l'homme », 人 ヒ ト ビ ト *fito-bito* « les hommes » ; 2° par l'addition de certaines particules, telles que タ チ *tatsi* (等 タ チ), ド モ *domo* (共 ド モ), ラ *ra* (等 ラ), 衆 シ ュ *syu* (ch.) « tous, beaucoup, un grand nombre ».

20. A l'aide de ces particules, on peut établir un paradigme de déclinaison, ainsi qu'il suit :

ヒ ト *fito*, l'homme.	ヲ ナ ゴ *onago*, la femme.
SINGULIER.	**SINGULIER.**
Nom. ヒ ト *fito*, ヒ ト ハ *fito-va*, l'homme.	Nom. ヲ ナ ゴ *onago*, la femme.
Gén. ヒ ト ノ *fito-no*, de l'homme.	Gén. ヲ ナ ゴ ノ *onago-no*, de la femme.
Dat. ヒ ト ニ *fito-ni*, à l'homme.	Dat. ヲ ナ ゴ ニ *onago-ni*, à la femme.
Acc. ヒ ト ヲ *fito-wo*, l'homme.	Acc. ヲ ナ ゴ ヲ *onago-wo*, la femme.
Abl. ヒ ト ヨ リ *fito-yori*, de l'homme.	Abl. ヲ ナ ゴ ヨ リ *onago-yori*, de la femme.
PLURIEL.	**PLURIEL.**
Nom. ヒ ト ビ *fitobito*, les hommes.	Nom. ヲ ナ ゴ タ チ *onago-tatsi*, les femmes.
Gén. ヒ ト ビ ノ *fitobito-no*, des hommes.	Gén. ヲ ナ ゴ タ チ ノ *onago-tatsi-no*, des femmes.
Dat. ヒ ト ビ ニ *fitobito-ni*, aux hommes.	Dat. ヲ ナ ゴ タ チ ニ *onago-tatsi-ni*, aux femmes.
Acc. ヒ ト ビ ヲ *fitobito-wo*, les hommes.	Acc. ヲ ナ ゴ タ チ ヲ *onago-tatsi-wo*, les femmes.
Abl. ヒ ト ビ ヨ リ *fitobito-yori*, des hommes.	Abl. ヲ ナ ゴ タ チ ヨ リ *onago-tatsi-yori*, des femmes.

21. Le nom au génitif précède le nominatif auquel on le joint. Ex. :

人 ヒ ト ノ 弧 ユ ミ	*fito-no yumi*, l'arc de l'homme.	女 ヲ ナ ゴ ノ 花 ハ ナ	*onago-no fana*, la fleur de la femme.

22. Les radicaux des verbes japonais ont généralement une valeur substantive. Ainsi, les racines des verbes ヨ ム *yomu* (讀 ヨ ム) « lire », イ タ ム *itamu* (悼 イ タ ム) « s'affliger », ウ ラ ム *uramu* (恨 ウ ラ ム) « haïr », forment les noms verbaux ヨ ミ *yomi* « lecture », イ タ ミ *itami* « affliction », ウ ラ ミ *urami* « haine ».

23. Les substantifs verbaux désignant l'agent se composent ordinairement des radicaux des verbes et de la suffixe テ *te*. C'est ainsi que de カ キ *kaki*, radical du verbe カ ク *kaku* (書 カ ク) « écrire », on fait カ キ テ *kakite* « écrivain » ; de ヨ ミ *yomi*, radical de ヨ ム (讀 ヨ ム) *yomu* « lire », on obtient ヨ ミ テ *yomite* « lecteur ».

24. On forme encore des substantifs actifs en faisant précéder du mot モ ノ *mono* « chose, individu, » la racine de différents verbes japonais; par exemple :

モ ノ カ キ *mono-kaki,* écrivain.

モ ノ ツ ク リ *mono-tsŭkŏri,* laboureur.

25. Au contraire, si l'on fait suivre les radicaux des verbes du mot モ ノ *mono,* on obtient des substantifs passifs; comme :

カ キ モ ノ *kaki-mono,* un écrit (chose écrite).

ヤ キ モ ノ *yaki-mono,* porcelaine (chose cuite).

26. Le mot コ ト *koto* « chose, affaire, » sert également à composer des substantifs avec les racines verbales; comme :

イ ミ ゴ ト *imi-goto,* cérémonie des augures.

マ ツ リ ゴ ト *matsŭri-goto,* gouvernement, règne.

27. Les noms de fonctions, de qualité, etc., se forment, en sinico-japonais, à l'aide de la particule 者 シャ *sya* « qui, lequel, celui qui est de » :

醫 者 *ï-sya,* le médecin.

武 者 *mŏ-sya,* le guerrier.

28. La suffixe サ *sa* sert à transformer les adjectifs en noms abstraits. Ainsi, de タ カ キ *takaki* (高キ) « haut », シ ロ キ *siroki* (白キ) « blanc », on formera les substantifs 高サ *takasa* « hauteur », 白サ *sirosa* « blancheur ».

29. La préfixe コ *ko* (rad. de コ マ カ *komaka* « petit ») sert à former des diminutifs; comme :

コ イ ヘ *ko-iye,* maisonnette.

コ ヒ ト *ko-bito,* nain.

コ ブ ネ *ko-bŏne,* barquerolle.

30. La préfixe オ ホ *ō* ou *oho* (rad. de オ ホ キ *ōki* « grand ») sert à former des augmentatifs; comme :

オ ホ ガ タ ナ *ō-gatana,* grand glaive.

オ ホ カ ゼ *ō-kaze,* grand vent, tempête.

オ ホ ブ ネ *ō-bŏne,* grande barque.

§ II. ADJECTIF.

31. Les adjectifs japonais proprement dits ne changent point de forme pour indiquer les genres, les nombres ou les cas.

32. Ils précèdent ordinairement le substantif qu'ils qualifient :

小馬 *tsiisai mŏma,* petit cheval.

黒猪 *kŏroki i,* sanglier noir.

33. Dans les composés sinico-japonais, l'adjectif précède également le substantif et reste invariable. Ainsi, l'on dit :

大人 *dai zin,* homme grand.

名將 *mei syŏ,* général célèbre.

34. Dans les adjectifs japonais, il faut distinguer la partie radicale qui, sauf quelques exceptions, reste invariable lorsqu'elle entre en composition, et les désinences qui dans l'usage déterminent la forme adjective.

35. Parmi les adjectifs, ceux qui sont également susceptibles d'avoir une valeur verbale, sont terminés par ィ *i,* et cette lettre se change en キ *ki* dans la langue écrite (1) :

善イ *yoi* ou 善キ *yoki,* bon.

高イ *takai* ou 高キ *takaki,* haut.

36. Parmi les adjectifs qui ne sont point également des verbes, les principaux sont terminés en カ *ka,* ラカ *raka,* ヤカ *yaka,* etc.; comme :

コマカ *komaka,* fin, délicat, petit.
タイラカ *tairaka,* égal, facile, uni.
ハナヤカ *fanayaka,* fleuri, gracieux, galant.

37. On forme également des adjectifs avec la particule ノ *no* (§ ɪ, 9); tels que :

古ノ家 *mŏkasi-no iye,* maison antique.

天ノ命 *ten-no mei,* mandat céleste.

---

(1) Comme verbes, ils ont la même forme dans la langue parlée; mais, dans la langue écrite, la finale ィ *i* devient ン *si.*

38. Le comparatif dans les adjectifs se forme principalement à l'aide du mot ナヲ *nawo* (猶ナヲ) précédé de la particule ヨリ *yori*, qui possède alors un sens analogue à celui du mot anglais *than* :

デアル。ナヲ學者 アレヨリモ コノ人ハ

kono fito-va are-yori-mo (1) *nawo gak-sya de arŏ*, cet homme-ci est plus lettré que celui-là (this man is more learned than that).

39. Le mot ナヲ *nawo* n'est pas absolument nécessaire pour indiquer le comparatif; ainsi l'on dira :

高タカレ ヨリモ ハアレ コノ山ヤマ

kono yama-va are yori-mo takasi, cette montagne est plus élevée que celle-là (this mountain is higher than that).

40. Le superlatif se forme à l'aide de diverses particules, dont voici les plus usitées :

イツチ *it-tsi* (一イツ致チ) « un extrême ».

モツモ *mottomo* (尤モツモ, 最同) « beaucoup, extrêmement, très ».

上ジヤウ *zyō* « supérieur, premier ».

最サイ上ジヤウ *sai-zyō* « suprême ».

Numération.

41. Les Japonais possèdent deux séries différentes de nombres; l'une est indigène, l'autre dérive de la langue chinoise.

42. Parmi les noms de nombre purement japonais, il n'y a généralement que les dix premiers qui soient usités dans l'usage journalier, pour lequel les nombres chinois ont paru plus commodes. Les noms de nombre japonais supérieurs à dix ne sont guère usités que dans la littérature, et surtout dans la poésie.

1 ヒトツ *fitots'*.		5 イツ゛ *itsŏts'*.		9 コゝノツ *kokonots'*.	
2 フタツ *fŏtats'*.		6 ムツ *mŏts'*.		10 トヲ *towo*.	
3 ミツ *mits'*.		7 ナゝツ *nanats'*.		100 モゝ *momo*.	
4 ヨツ *yots'*.		8 ヤツ *yats'*.		1,000 チ゛ *tsidzi*.	

(1) モ *mo* est une particule intensive qui est rendue dans l'écriture idéographique par 亦モ.

43. Les noms de nombre japonais, lorsqu'ils précèdent un substantif, perdent leur syllabe finale ツ *tsȣ*. Exemple :

一言 ヒトコトバ	*fito kotoba*, une parole.	三月 ミツキ	*mi tsȣki*, trois mois.

44. Nous donnons ci-dessous le tableau des noms de nombre sinico-japonais, c'est-à-dire de ceux qui sont d'origine chinoise.

VALEUR.	CHIFFRE carré.	CHIFFRE cursif.	CHIFFRE vulg.	NOM SIN.-JAPONAIS.	VALEUR.	CHIFFRE carré.	CHIFFRE cursif.	CHIFFRE vulg.	NOM SIN.-JAPONAIS.
1	一	一	〡	イチ *itsi*.	6	六	六	〦	ロク *rok*.
2	二	二	〢	ニ *ni*.	7	七	七	〧	シチ *sitsi*.
3	三	三	〣	サン *san*.	8	八	八	〨	ハツ *fats*.
4	四	四	〤	シ *si*.	9	九	九	〩	ク *kȣ*.
5	五	五	〥	ゴ *go*.	10	十	十	〸	ジュ *zyȣ*.

Nous avons mis en regard les signes qui servent de chiffres, d'abord dans la forme carrée et classique, ensuite dans la forme cursive usitée au Japon, puis enfin dans la forme spéciale pour les calculs et communément employée dans l'usage journalier.

45. Pour former les nombres onze, douze, treize, quatorze, quinze, seize, dix-sept, dix-huit et dix-neuf, il suffira de postposer au mot ジュ *zyȣ* (dix) les noms japonais des unités イチ *itsi*, ニ *ni*, サン *san*, etc. Exemple :

十一 ジュイチ	*zyȣ-itsi*, onze.	十四 ジュシ	*zyȣ-si*, quatorze.	十七 ジュシチ	*zyȣ-sitsi*, dix-sept.
十二 ジュニ	*zyȣ-ni*, douze.	十五 ジュゴ	*zyȣ-go*, quinze.	十八 ジュハツ	*zyȣ-fats*, dix-huit.
十三 ジュサン	*zyȣ-san*, treize.	十六 ジュロク	*zyȣ-rok*, seize.	十九 ジュク	*zyȣ-kȣ*, dix-neuf.

46. Les multiples de dix s'indiquent par la présence des unités mises en pré-
fixes, et les additions à ces nombres, par les unités employées comme suffixes; par
exemple :

二十 ニ ジュ *ni-zyŏ*, vingt.

三十 サン ジュ *san-zyŏ*, trente.

四十七 シ ジュ シチ *si-zyŏ-sitsi*, quarante-sept.

八十八 ハ ジュ ハ *fats-zyŏ-fats*, quatre-vingt-huit.

47. Les nombres supérieurs à quatre-vingt-dix-neuf sont les suivants :

百 ヒャ ク *fyak*, cent.

千 セ ン *sen*, mille.

萬 マ ン *man*, dix mille.

億 ラ ク *wok*, cent mille,

ou

落叉 ラ ク シャ } *rak-sya* (sanscrit, लक्ष *lakcha*), cent mille.

兆 テ ウ *teŏ*, million.

京 ケ イ *kei*, dix millions, ou

俱胝 ク チ } *kŏ-tsi* (sanscrit, कोटि *kŏti*), dix millions, ou

那由陀 ナ ユ ダ } *nayŏda* (sanscrit, नियुत *niyouta*), dix millions (1).

48. Les noms de nombre sinico-japonais précèdent toujours le substantif auquel
ils sont joints et restent constamment invariables. Exemple :

三國 サン コク *san kok*, trois royaumes.

十人 ジュ ニン *zyŏ nin*, dix hommes.

49. Les nombres « une fois, deux fois », etc., se forment, soit à l'aide du mot
タ ビ *tabi* joint aux noms de nombre japonais, soit avec celui de son équivalent
度 ド *do* combiné avec les noms de nombre sinico-japonais (2). Exemple :

一度 ヒト イチ タビ ド *itsi do* ou *fito tabi*, une fois.

三度 サン ミ タビ ド *san do* ou *mi tabi*, trois fois.

---

(1) En donnant ici au mot *nayŏda* la valeur de
« dix millions », je me suis conformé au dictionnaire japonais-chinois *Syo-gen-zi-kō* (éd. lith.,
p. 10, c. 6), le seul ouvrage original où j'aie pu
trouver une explication de ce nom de nombre;
mais je crois devoir rappeler que, d'après les travaux de nos indianistes, le nombre sanscrit *niyŏta*,

dont *nayŏda* ne paraît être qu'une corruption,
possède une valeur différente de celle que l'auteur
japonais attache à ce dernier mot. (Cf. E. Burnouf, Append. du *Lotus de la bonne loi*, p. 253.
— Ed. Foucaux, trad. franç. du *Lalitavistâra*, p.
LIII. — H. Wilson, *Dict. in sanscr. and english*.)
(2) Pour « deux fois » on emploie fréquemment

50. Pour donner à ces nombres la valeur ordinale, il suffit de leur ajouter le mot メ *me* (目 メ). Ainsi, l'on dira :

itsi do me ou *fito tabi me*,
la première fois.

san do me ou *mi tabi me*,
la troisième fois.

51. Les nombres ordinaux se forment en ajoutant aux noms de nombre si-nico-japonais la particule 番 *ban* (1). Ex. : 一番 *itsi-ban* « le premier », 四番 *si-ban* « le quatrième » ; ou la particule 弟 *dai*. Ex. : 弟五 *dai-go* « le cinquième », 弟十 *dai-zyu* « le dixième », etc.

52. Les nombres fractionnaires japonais se rendent en désignant d'abord le nombre des parties constitutives de l'unité partagée (dénominateur), puis en ter-minant par l'énoncé du nombre de parties que l'on veut prendre de l'entier ainsi divisé (numérateur). Ainsi, l'on formera de la manière suivante les nombres frac-tionnaires

ni-bu-itsi,
de deux parties une,
pour 1/2.

san-bu-itsi,
de trois parties une,
pour 1/3.

si-bu-san,
de quatre parties trois,
pour 3/4.

53. L'expression « la moitié » se rend ordinairement par le composé 半分 *fan bu* ; mais on peut également bien dire ニブイチ *ni-bu-itsi*. [Cf. 52.]

54. Les nombres multiplicatifs se forment par la combinaison des noms de nombre japonais et de la suffixe エ *ye*, ou par celle de la suffixe 倍 *bai* et des noms de nombre sinico-japonais. Ex. :

フタエ *futa-ye* ou 二倍 *ni bai*, double.

ミエ *mi-ye*   ou 三倍 *san bai*, triple, etc. (2).

---

l'expression 兩度 *ryō-do*, comme dans l'exemple suiv. :

使ヲ度ラ遣ハス兩度 *si-sya-ra ryō-do tsu-kavasu*,
deux fois elle envoya des ambassadeurs.

(1) Le mot バン *ban* * signifie littéralement « fois » ; d'où イチバン *itsi-ban* « la première fois », レバン *si-ban* « la quatrième fois ».

(2) La syllabe finale ツ *tsu* des nombres ja-ponais [ヒトツ・フタツ・ミツ, etc.] disparaît, comme on voit, en prenant la suffixe エ *ye*. Cf. § II, 43.

Littéralement, le mot 倍ハイ *bai* signifie « [tant de] fois plus » ; de telle sorte que 一イチ 倍イ *itsi bai* veut dire proprement « une fois plus », 二ニ 倍イ *ni bai* « deux fois plus », 五ゴ 倍イ *go bai* « cinq fois plus », et ainsi de suite.

Déterminatifs spécifiques.

55. On entend par déterminatifs spécifiques, certains mots destinés à se joindre aux substantifs, pour indiquer à quelle classe de choses ils se rapportent. Ainsi, dans cette phrase :

リ。母 ノ 一 ヒ コ
ア 老 人 ト ノ
　　　　ニ

kono fito-ni itsi NIN-*no rō-bo ari,*
cet homme avait une vieille mère.

le mot *nin* (ch. 人ジ), littéralem. « homme », est un déterminatif spécifique de *rō-bo* (老ラウ 母ボ) « vieille-mère ».

Ces sortes de particules sont communes à diverses nations de l'Asie orientale (1).

56. Les déterminatifs spécifiques usités en japonais, sont très-nombreux ; ils peuvent se diviser en deux grandes séries principales : la première comprend les déterminatifs composés de mots purement japonais ; la seconde, ceux qui tirent leur origine d'une source chinoise.

57. Quelquefois les déterminatifs spécifiques s'intercalent entre le nombre et l'objet nombré. Ex. :

一イチ
人
女

itsi NIN-*no mǒssme,*
une fille.
(= ン *nin* = homme.)

一ヒト
柄
刀

fito yeda katana,
un glaive.
(ヱ タ *yeda* = manche.)

58. D'autres fois l'objet nombré prend, au génitif, la première place, et est suivi d'abord par le nom de nombre, puis enfin par le déterminatif spécifique, sans distinction de cas :

鸇タカ
ノ
一イチ
羽ハ

taka-no itsi FA,
un faucon.
(ハ *fa* = aile.)

花ハナ
ノ
一イチ
輪リン

fana-no itsi RIN,
une fleur.
(リン *rin* = roue.)

---

(1) Les Chinois, les Siamois, les Malays, les Javanais et autres peuples, emploient un grand nombre de numérales spécifiques, tant dans leur langue écrite que dans leur langue parlée.

5

59. Parmi les déterminatifs spécifiques, il en est qui rappellent une classe d'objets par un de leurs caractères les plus apparents, et qui expriment ainsi la partie pour le tout :

一管筆 *fito* KƆDA *fƍde*,
littéralem., un tube-pinceau
« un pinceau ».

一頭牛 *fito* KASIRA *ƍsƍ*,
littéralem., une tête (de) bœuf
« un bœuf ».

§ V. PRONOM.

60. Les pronoms japonais peuvent se diviser en cinq groupes principaux, comprenant : 1° Les pronoms personnels ; 2° les pronoms possessifs ; 3° les pronoms démonstratifs ; 4° les pronoms réfléchis ; 5° les pronoms indéfinis ; 6° les pronoms interrogatifs.

1. *Pronoms personnels.*

61. Les pronoms personnels ne sont pas doués de genre.

62. Le pluriel se forme par l'addition de certaines particules dont nous avons parlé plus haut (§ 1, 19).

63. Les Japonais possèdent un grand nombre d'expressions différentes qui tiennent souvent lieu de pronoms personnels ; ceux-ci sont fréquemment omis dans leur langue.

64. Les principaux pronoms personnels de la première personne sont les suivants :

ワレ *ware* (朕, 儂, 我, 吾, 予, 余) (1) « Je » ou « moi ».

ワレラ *ware-ra* (我等) « Nous ».

ワガ *wa-ga* (我, 吾) « Je, moi ». C'est un composé du pronom radical ワ *wa* et de la particule suffixe ガ *ga*.

ワタクレ *wataks* (私) « Ce qui est propre ». Les mandarins, entre autres, s'appellent ainsi.

ワタクレ㝡 *wataks-domo* (私㝡) « Nous ».

---

(1) Ce pronom est un composé de ア *a* ou ワ *wa* (ア我, 吾), forme ancienne et radical du pronom « je, moi », et de la suffixe レ *re*.

ワ *wa* est aujourd'hui inusité dans la langue vulgaire, ainsi que ses composés ワハ *wa-va*, ワヲ *wa-wo*, etc.

朕チ *tsin** ou 朕チ *tsin-ga* « Nous »,
ン　　　　　 ン
　　　　　　　ガ

pronom affecté spécialement à l'empereur. La
suffixe ガ *ga*, employée dans le second cas, n'est
autre chose que la particule d'humilité.

マロ *maro* (朕ロ) (1) « Nous, l'empereur »,
synonyme japonais du mot précédent, qui est
d'origine chinoise.

ミ *mi* (身ミ), littéralem. « le corps, la personne », tient également lieu du pronom de la
1re pers. Ex.: ミ ガ *mi-ga* (身ミ) « Je, moi »;
　　　　　　　　　　　　　 ガ

ミ ドモ *mi-domo* (身ミ) « Nous », etc.
　　　　　　　　　　　ガ
　　　　　　　　　　　ドモ

愚グ (ch.) « Grossier, stupide, ignorant »,
pronom d'humilité pour se désigner soi-même.
Ce mot sert à former diverses expressions tenant
lieu du pronom de la 1re personne. Voici quelques-unes d'entre elles :

愚グ 身ン *go sin*, littéralem. « le corps
grossier » : Moi.

愚グ 僧ソ *go sō* « Moi vil bonze », affecté
aux moines.

愚グ 老ラ *go rō* « Moi vieillard insensé ».
　　　　ウ

拙セ 者シ *ses-sya** « l'être sans talent » :
　ツ　　ャ
Moi, pronom d'humilité de la langue écrite, rare
dans l'usage journalier.

65. Les pronoms personnels de la seconde personne sont :

ナンヂ *nandzi* (汝ナ, 你同, 爾同) (2)
　　　　　　　　　 ヂ
« Toi ».

ナンヂラ *nandzi-ra* ou ナンヂタチ *nandzi-
tatsi* (汝ナ 等ラ) « Vous ».
　　　　 ヂ
　　　　 タ
　　　　 チ

ヲマヱ *omae* « Tu, toi ». Ce pronom, particulier à l'idiome vulgaire, manque généralement
dans les dictionnaires publiés par les Japonais et
qui sont parvenus jusqu'à nous.

ヲマヱタチ *omae-tatsi* « Vous ».

貴キ *ki* « Noble, illustre » sert à former des
pronoms honorifiques de la 2e personne, par oppo-
sition au pronom d'humilité 愚 *go* « moi ». Ainsi,
l'on dira :

貴キ 邊ン *ki fen** « le noble côté », et de

là, Votre côté, vous.

貴キ 方ハ *ki fō* « la noble place », et de là,
　　　　 ウ
Votre place, vous.

貴キ 人ニ *ki nin* « l'homme noble » : Vous.
　　　　 ン

貴キ 公コ *ki kō* « le noble seigneur » : Vous.
　　　　 ウ

貴キ 僧ソ *ki sō* « le noble bonze » : Vous,
　　　　 ウ
en parlant aux moines.

貴キ 典デ *ki-den* « la noble règle », em-
　　　　 ン
ployé, comme le précédent, en s'adressant aux
moines bouddhistes.

貴キ 老ラ *ki rō* « le noble vieillard » : Vous,
　　　　 ウ
en parlant à une personne à qui l'on doit porter
respect, etc.

---

(1) Contraction de 御ミ 我ガ 等ロ *mi-a-
ro* « nous empereur ». *Ro* est la forme ancienne
de la suffixe du pluriel ラ *ra* (§ I, 19).

(2) Le pronom de la 2e pers. était originairement ナ *na* (汝ナ) « Tu, toi ». Il est du
domaine de la langue antique. Ses composés

ナレ *nare* (汝ナ), ナ ハ *na-ra* (汝ナ), ナ ガ
　　　　　 レ　　　　　　　　　　　 ラ
na-ga (汝ナ), qui servaient également de pro-
　　　　 ガ

nom de la 2e personne, sont aujourd'hui, pour la
plupart, inusités dans la langue vulgaire.

66. Les pronoms personnels de la troisième personne sont :

ア ✓ *are* ou カ ✓ *kare* (カ彼ン) « Il, elle, celui qui est là-bas, celle qui est là-bas » (1).

ソ ✓ *sore* (其ン)« Il, elle, celui-là, celle-là ».

コ ✓ *kore* (此コ)« Il, elle, celui-ci, celle-ci».

アノヒト *ano fito* (彼ン人ト) littéralem. « cet homme », s'emploie comme pronom de la 3e personne.

アノ ヲナゴ *ano onago* (彼ン女ヲナゴ), littéralem. « cette femme, elle ».

67. Les pronoms peuvent se décliner comme les substantifs, en prenant pour suffixes les diverses particules dont nous avons parlé plus haut (§ 1, 7). Voici quelques exemples de pronoms déclinés :

PREMIÈRE PERSONNE.

ワ ✓ *ware* « moi ».

	SINGULIER.		PLURIEL.
Nom.	ワ ✓ *ware*, moi.	Nom.	ワ ✓ ラ *ware-ra*, nous.
Gén.	ワ ✓ノ *ware-no*, de moi.	Gén.	ワ ✓ ラ ノ *ware-ra-no*, de nous.
Dat.	ワ ✓ ニ *ware-ni*, à moi.	Dat.	ワ ✓ ラ ニ *ware-ra-ni*, à nous.
Acc.	ワ ✓ ヲ *ware-wo*, moi.	Acc.	ワ ✓ ラ ヲ *ware-ra-wo*, nous.
Abl.	ワ ✓ ヨ リ *ware-yori*, de moi.	Abl.	ワ ✓ ラ ヨ リ *ware-ra-yori*, de nous.

DEUXIÈME PERSONNE.

ナンヂ *nandzi* « toi ».

	SINGULIER.		PLURIEL.
Nom.	ナンヂ *nandzi*, toi.	Nom.	ナンヂ ラ *nandzi-ra*, vous.
Gén.	ナンヂノ *nandzi-no*, de toi.	Gén.	ナンヂ ラ ノ *nandzi-ra-no*, de vous.
Dat.	ナンヂ ニ *nandzi-ni*, à toi.	Dat.	ナンヂ ラ ニ *nandzi-ra-ni*, à vous.
Acc.	ナンヂ ヲ *nandzi-wo*, toi.	Acc.	ナンヂ ラ ヲ *nandzi-ra-wo*, vous.
Abl.	ナンヂ ヨ リ *nandzi-yori*, de toi.	Abl.	ナンヂ ラ ヨ リ *nandzi-ra-yori*, de vous.

TROISIÈME PERSONNE.

アノヒト *ano fito* « lui ».

	SINGULIER.		PLURIEL.
Nom.	アノヒト *ano fito*, lui (cet homme).	Nom.	アノヒトタチ *ano fito-tatsi*, eux.
Gén.	アノヒトノ *ano fito-no*, de lui.	Gén.	アノヒトタチノ *ano fito-tatsi-no*, d'eux.
Dat.	アノヒト ニ *ano fito-ni*, à lui.	Dat.	アノヒトタチ ニ *ano fito-tatsi-ni*, à eux.
Acc.	アノヒト ヲ *ano fito-wo*, lui.	Acc.	アノヒトタチ ヲ *ano fito-tatsi-wo*, eux.
Abl.	アノヒト ヨ リ *ano fito-yori*, de lui.	Abl.	アノヒトタチ ヨ リ *ano fito-tatsi-yori*, d'eux.

---

(1) Les radicaux primitifs de ce pronom sont ア *a* (彼ア) et カ *ka* (夫カ), particuliers à la langue des anciens Japonais, où ils se combinaient également avec les suffixes ✓ *re* et ノ *no*.

2. *Pronoms possessifs.*

68. Les Japonais ne possèdent pas précisément de pronoms possessifs, mais ils en forment, en quelque sorte, en ajoutant la suffixe ノ *no* aux pronoms personnels. Ex. :

ワ レ ノ *ware-no* ou ワ タ ク レ ノ *wataks-no*, mon, de moi.

ソ ナ タ ノ *sonata-no*, ton, de toi.

ア レ ノ *are-no* ou ア ノ ヒ ト ノ *ano fito-no*, son, de lui.

ワ タ ク レ ド モ ノ *wataks-domo-no*, notre, de nous.

ナ ンヂ ラ ノ *nandzi-ra-no*, votre, de vous.

ア ノ ヒ ト タ チ ノ *ano fito-tatsi-no*, leur, d'eux.

69. Les pronoms possessifs japonais, ainsi formés, précèdent le substantif auquel ils sont joints, comme :

ワ タ ク レ ノ イ ヘ *wataks-no iye* « ma maison » ou « la maison de moi ».

ア レ ノ フ デ *are-no fŏde* « son pinceau » ou « le pinceau de lui ».

3. *Pronoms démonstratifs.*

70. Les pronoms démonstratifs japonais sont :

コ レ *kore* (此コレ) (1) Ceci, celui-ci.

コ ノ *kono* (此コノ) Ce, cet (la personne ou l'objet le plus rapproché).

ソ レ *sore* (其ソレ) (2) Cela, celui-là.

ソ ノ *sono* (其ソノ) Ce, cette (une personne ou l'objet le plus éloigné).

ア レ *are* (彼ア レ) ou カ レ *kare* (夫カ レ) Cela, celui-là (là-bas).

ア ノ *ano* (彼ア ノ) ou カ ノ *kano* (夫カ ノ) Ce, cette (la personne ou l'objet le plus éloigné).

71. Les pronoms démonstratifs japonais forment leur pluriel par l'addition des mêmes particules que pour les substantifs. Ainsi, コ レ (此コレ) *kore* « ce, cet, » deviendra au pluriel コ レ ラ (此コ 等レ) *kore-ra* « ces ».

72. Ces pronoms démonstratifs servent à former des expressions composées qui tiennent souvent lieu de pronoms personnels.

73. Ainsi, celui qui parle peut employer, pour se désigner lui-même, le mot コ ナ タ *konata* (此コナタ) pour コ ノ カ タ *kono kata* (此コノ 方カタ), littéralem. « cette place, cet endroit, ce côté-ci », et par suite, « de mon côté, pour ma part, quant à ce qui me concerne ».

74. On peut également se servir, pour désigner son interlocuteur, de ソ ナ タ

---

(1) Radical コ *ko* (此コ), usité seulement dans la langue ancienne.

(2) Radical ソ *so* (其ソ), comme le précédent, employé seulement dans la langue ancienne.

sonata (其ヨ) pour ソノカタ *sono kata* (其ゾ方タ), littéralem. « de ce côté-ci »,
et par suite, « de ton côté, quant à toi, toi ».

75. On emploiera, de la même manière, pour désigner une personne de qui l'on parle, アナタ *anata* (彼ヤ) pour *ano kata* (彼ゾ方タ), littéralem. « ce côté-là », et de là, « celui qui est là-bas, celui-là, il, lui ».

76. Ces pronoms personnels démonstratifs peuvent se décliner comme les substantifs et, dans ce but, s'adjoindre les suffixes des différents cas et celles du pluriel.

4. Pronoms réfléchis.

77. Le pronom réfléchi se rend ordinairement en japonais par l'une des expressions qui suivent :

己 *onore*, soi-même.

自 *midzo kara*, soi-même.

自身 *waga-mi*, la personne elle-même, soi-même (angl. *self*).

自身 *zi-sin*, synonyme sinico-japonais du précédent.

自己 *zi-ko*, soi-même.

自分 *zi-bøn*, pour ma part.

78. A l'aide de ces mots et des pronoms personnels, on peut former les pronoms réfléchis pour les trois personnes. Par exemple :

ワタクシジシン *wataks-zi-sin*, moi-même ;
オマヱジシン *omae-zi-sin*, toi-même ;
アノヒトジシン *ano-fito-zi-sin*, lui-même ;

et ainsi de suite.

5. Pronoms indéfinis.

79. Les Japonais emploient un assez grand nombre de pronoms indéfinis. Voici quelques-uns des plus importants :

ソレガシ *soregasi* (某ガ) Un tel.

ヲノ〳 *ono-ono* (各ノ) Chacun.

毎〳 *mai-mai*[*], chaque.

ホカ *foka* (外ホカ)
別 *bets* } Autre.

80. Le pronom indéfini « personne » se rend ordinairement, en japonais, par l'expression ﾀ ╰ ﾓ *tare-mo* (誰ﾀ╰) accompagnée d'un négatif.

81. Le mot ｱ ﾙ *arʊ* (或ｱﾙ), placé devant un substantif, a la valeur de « certain (lat. *quidam*) » :

或ｱﾙ人ﾋﾄ *arʊ fito*, un certain individu. | 或ｱﾙ町ﾏﾁﾆ *arʊ matsi-ni*, dans une certaine rue.

6. *Pronoms interrogatifs.*

82. Parmi les pronoms interrogatifs japonais, les plus usités sont les suivants :

ﾀ ╰ *tare* (誰ﾀ╰) Qui? lequel? laquelle?

ﾄﾉ *tono* (何ﾄﾉ) Quel? quelle?

ﾅﾆ *nani* (何ﾅﾆ) Quoi?

ｲ ﾂﾞ╰ *idzʊre*, ｲ ｶﾝ *ikan* (甚ｲﾞﾂ╰麼ｲﾞﾂ╰熟同, 何同) Quel? lequel? laquelle?

ﾀ ╰ ﾂﾞ *tare-zo*, ﾀ ﾂﾞ *taso* (熟ﾀ╰ﾂﾞ何ﾀﾞﾂﾞ誰同, 熟同) Qui? lequel? laquelle?

7. *Pronom relatif.*

83. La langue japonaise manque de pronoms relatifs. On obvie à ce défaut par l'observation de certaines règles de position dans la structure des phrases. Par exemple :

私ﾜｶｶﾞ書ﾖﾀ讀ﾂﾞﾀﾓｦ *wataks-ga fʊmi-wo yŏda*, j'ai lu la lettre. | 私ﾜﾀﾞｶﾞ書ﾀﾞﾓ讀ﾖﾀﾞﾌﾞﾐ *wataks-ga yŏda fʊmi*, la lettre que j'ai lue.

§ VI. VERBE.

84. Les verbes japonais ne changent point de désinence pour distinguer les genres, les nombres ou les personnes.

85. Les trois pronoms personnels sont susceptibles d'être joints aux verbes japonais; leur présence seule, ou le contexte des phrases, y peut, au besoin, déterminer l'état de leur agent (Voy. *Pronoms personnels,* § v, 1).

86. Les trois temps du verbe sont désignés par les Japonais sous les noms de

過ゞ去ュ *kwa-ko* « passé », 現ゞ在ゾ゙ *gen-zai* « présent », 未ニ來ヺ *mi-rai* « futur ».

87. Les temps des verbes japonais peuvent être rattachés à quatre modes principaux doués de formes particulières. Ce sont : l'indicatif, l'impératif, le conjonctif et le participe.

88. Il n'existe proprement qu'un seul verbe en japonais, qui est le verbe substantif ; mais comme il était nécessaire de reproduire, avec de nombreuses nuances, le sens affirmatif du verbe substantif, on a formé, avec celui-ci, une série de verbes adjectifs que nous rattacherons à deux voix principales : la voix active et la voix passive.

89. Les verbes japonais de chacune de ces classes se subdivisent en verbes affirmatifs et en verbes négatifs, ce qui donne lieu à la formation d'une série double de paradigmes de conjugaisons.

90. Les verbes affirmatifs japonais se terminent à l'infinitif par l'une des syllabes ル ヤ ム ウ グ フ ユ ス *rŏ, tsŏ, mŏ, ŏ, kŏ, fŏ, yŏ, sŏ*.

91. Les verbes négatifs japonais sont terminés à l'infinitif par ヌ *nŏ* dans la langue parlée, et par ズ *zŏ* dans la langue écrite.

92. Les verbes japonais se conjuguent à l'aide d'un autre verbe, qui, par cela même, doit être considéré comme auxiliaire.

1. *Verbe auxiliaire.*

93. Le verbe auxiliaire japonais ア ル *arŏ*, qui représente le chinois 有 *yeŏ*, entre dans la composition de tous les verbes, et a la valeur de « être, avoir ».

94. Ce verbe sert à lui-même d'auxiliaire dans ses temps composés. Il se conjugue comme les verbes de la seconde conjugaison (Voy. § VI, pag. 45).

95. Nous donnons ci-dessous un essai de paradigme des principaux temps du verbe auxiliaire dans la forme simple ア ル *arŏ*, dégagé de toutes les particules que l'on peut y joindre dans l'usage journalier.

RADICAL, ア リ *ARI.*

INDICATIF.

PRÉSENT.

ワ ヾ ア ル *ware arʊ*, je suis (1).
ナ ヂ ア ル *nandzi arʊ*, tu es.
ア ヾ ア ル *are arʊ*, il est.
ワ ヾ ラ ア ル *ware-ra arʊ*, nous sommes.
ナ ヂ ラ ア ル *nandzi-ra arʊ*, vous êtes.
ア ヾ ラ ア ル *are-ra arʊ*, ils sont.

PREMIER PRÉTÉRIT.

ワ ヾ ア ッ タ *ware atta*, j'étais ou je fus.
ナ ヂ ア ッ タ *nandzi atta*, tu étais, etc.
ア ヾ ア ッ タ *are atta*, il était.
ワ ヾ ラ ア ッ タ *ware-ra atta*, nous étions.
ナ ヂ ラ ア ッ タ *nandzi-ra atta*, vous étiez.
ア ヾ ラ ア ッ タ *are-ra atta*, ils étaient.

SECOND PRÉTÉRIT.

ワ ヾ ア ッ テ ア ッ タ *ware atte atta*, j'avais été.
ナ ヂ ア ッ テ ア ッ タ *nandzi atte atta*, tu avais été.
ア ヾ ア ッ テ ア ッ タ *are atte atta*, il avait été.
ワ ヾ ラ ア ッ テ ア ッ タ *ware-ra atte atta*, nous avions été.
ナ ヂ ラ ア ッ テ ア ッ タ *nandzi-ra atte atta*, vous aviez été.
ア ヾ ラ ア ッ テ ア ッ タ *are-ra atte atta*, ils avaient été.

FUTUR.

ワ ヾ ア ラ ウ *ware arō* (ア ラ ン *aran*, ア ラ ウ ズ *arōzʊ*), je serai.
ナ ヂ ア ラ ウ *nandzi arō*, tu seras.
ア ヾ ア ラ ウ *are arō*, il sera.
ワ ヾ ラ ア ラ ウ *ware-ra arō*, nous serons.
ナ ヂ ラ ア ラ ウ *nandzi-ra arō*, vous serez.
ア ヾ ラ ア ラ ウ *are-ra arō*, ils seront.

IMPÉRATIF.

PRÉSENT.

ア ヾ *are*, sois.
ア ヾ ト *are-to*, qu'il soit.

CONJONCTIF.

PRÉSENT.

ワ ヾ ア ヾ バ *ware areba*, lorsque je suis.
ナ ヂ ア ヾ バ *nandzi areba*, lorsque tu es.
ア ヾ ア ヾ バ *are areba*, lorsqu'il est.
ワ ヾ ラ ア ヾ バ *ware-ra areba*, lorsque nous sommes.
ナ ヂ ラ ア ヾ バ *nandzi-ra areba*, lorsque vous êtes.
ア ヾ ラ ア ヾ バ *are-ra areba*, lorsqu'ils sont.

PREMIER PRÉTÉRIT.

ワ ヾ ア ッ タ ヾ バ *ware attareba*, lorsque j'étais ou que je fus.
ナ ヂ ア ッ タ ヾ バ *nandzi attareba*, lorsque tu étais, etc.
ア ヾ ア ッ タ ヾ バ *are attareba*, lorsqu'il était.
ワ ヾ ラ ア ッ タ ヾ バ *ware-ra attareba*, lorsque nous étions.
ナ ヂ ラ ア ッ タ ヾ バ *nandzi-ra attareba*, lorsque vous étiez.
ア ヾ ラ ア ッ タ ヾ バ *are-ra attareba*, lorsqu'ils étaient.

SECOND PRÉTÉRIT.

ワ ヾ ア ッ テ ア ッ タ ヾ バ *ware atte attareba*, lorsque j'avais été.
ナ ヂ ア ッ テ ア ッ タ ヾ バ *nandzi atte attareba*, lorsque tu avais été.
ア ヾ ア ッ テ ア ッ タ ヾ バ *are atte attareba*, lorsqu'il avait été.
ワ ヾ ラ ア ッ テ ア ッ タ ヾ バ *ware-ra atte attareba*, lorsque nous avions été.

---

(1) Dans tout le cours de ce paradigme, nous employons seulement le verbe *être* pour rendre le japonais ア リ, et cela afin de ne point trop compliquer nos thèmes de conjugaisons; mais on devra bien se rappeler que le verbe japonais ア ル *arʊ* n'est pas réellement l'équivalent de notre auxiliaire *être*, qu'il a souvent la valeur d'avoir, etc. Pour plus d'éclaircissements, voyez le *Dictionnaire*, au mot ア ル *arʊ*.

ナンヂラ アツテ アツタ ヽ バ *nandzi-ra atte attareba*, lorsque vous aviez été.

ア ヽ ラ アツテ アツタ ヽ バ *arera atte attareba*, lorsqu'ils avaient été.

* On conjuguera de même le conjonctif en ド モ *domo* « quoique »; ex.: ヲ ヽ ア ヽ ド モ *ware are-domo*, quoique je sois; ナンヂ ア ヽ ド *nandzi are-domo*, quoique tu sois, etc.; ヲ ヽ ア ツ タ ヽ ド モ *ware attare-domo*, quoique j'étais ou que je fusse; ナンヂ ア ツ タ ヽ ド モ *nandzi attare-domo*, quoique tu étais ou que tu fusses, et ainsi de suite.

CONDITIONNEL.

PRÉSENT.

ヲ ヽ ア ラ バ *ware ara-ba*, si j'étais.

ナンヂ ア ラ バ *nandzi ara-ba*, si tu étais.

ア ヽ ア ラ バ *are ara-ba*, s'il était.

ヲ ヽ ラ ア ラ バ *ware-ra ara-ba*, si nous étions.

ナンヂ ラ ア ラ バ *nandzi-ra ara-ba*, si vous étiez.

ア ヽ ラ ア ラ バ *are-ra ara-ba*, s'ils étaient.

PRÉTÉRIT.

ヲ ヽ アツタ ラ バ *ware attara-ba*, si j'avais été.

ナンヂ アツタ ラ バ *nandzi attara-ba*, si tu avais été.

ア ヽ ア ツ タ ラ バ *are attara-ba*, s'il avait été.

ヲ ヽ ラ アツタ ラ バ *ware-ra attara-ba*, si nous avions été.

ナンヂ ラ ア アツタ ラ バ *nandzi-ra attara-ba*, si vous aviez été.

ア ヽ ラ アツタ ラ バ *are-ra attara-ba*, s'ils avaient été.

INFINITIF.

PRÉSENT.

ア ル *arъ*, être.

ア ル コ *arъ koto*, id. (τὸ esse).

PRÉTÉRIT.

ア ツ タ コ *atta koto*, avoir été (τὸ fuisse).

FUTUR.

ア ラ ウ コ *arŏ koto*, devoir être (τὸ fore).

PARTICIPE.

ア ツ テ *atte*, été.

96. Lorsque le verbe ア ル *arъ* est employé dans un sens honorifique, il prend la forme ゴ ザ ル *gozarъ*, laquelle est une contraction de ゴ ザ ア ル *go-za-arъ* (御 座), littéralement « avoir un noble siége » (1), et de là, dans la langue vulgaire, simplement « avoir, être ».

97. Le verbe マ レ マ ス *masi-masъ* (踞 坐), qui a le sens de « siéger, demeurer, gouverner, être assis », a également le sens du verbe auxiliaire « être » (在). Il est surtout employé avec un sens de supériorité, attaché, par exemple, aux êtres surnaturels (2).

---

(1) Quoique les caractères chinois qui représentent ゴ ザ ル *gozarъ* signifient proprement « avoir [être sur] un siége impérial », je crois devoir traduire littéralement par « avoir un noble siége », car le mot ゴ *go* (御), qui, en chinois, désigne ce qui appartient à l'empereur, n'est autre chose, en japonais, qu'une particule honorifique équivalente de ギ ヨ *gyo*, ヲ *wo*,

ヲン *won* ou ミ *mi*.

(2) Cette expression est employée en parlant de Dieu. C'est ainsi que l'on devra dire :

御足 坐 ます が 天 に

ame-ni masi-masъ wa-ga mi-tsitsi « Notre père qui est (ou qui siège) au ciel ».

98. Le verbe ア ラ ュ ル *arayɤrɤ* (所有) est une forme passive du verbe auxiliaire ア ル *arɤ,* et a le sens de « y avoir, exister, avoir ».

VOIX ACTIVE AFFIRMATIVE.

99. Les verbes japonais affirmatifs forment trois conjugaisons qui se distinguent par les finales de leurs radicaux. Les verbes négatifs en forment également trois.

100. Les radicaux des verbes se terminent en *e,* en *i* ou en *'i* (ヒ) :

出 *idzɤrɤ,* sortir.	好 *konomɤ,* aimer.	學 *narafɤ (narò),* étudier.
Rad. イ デ *ide.*	Rad. コ ノ ミ *konomi.*	Rad. ナ ラ ヒ *nara'i.*

101. La finale ヒ *'i,* dans les radicaux des verbes, se lie ordinairement à la voyelle qui la précède, et forme ainsi des diphthongues qui font varier les terminaisons des radicaux des verbes en フ *fɤ* de cinq manières différentes :

RADICAUX EN				
A Ï	E Ï	I Ï	O Ï	ɤ Ï
ウ ケ ガ ヒ *ɤkega'i,*	ヱ ヒ *ye'i,*	イ ヒ *i'i,*	カ ヨ ヒ *kayo'i,*	フ ル ヒ *fɤrɤ'i,*
de 諾 *ɤkegafɤ (ɤkegò),*	de 醉 *yefɤ (yeò),*	de 言 *ifɤ (i'ɤ),*	de 通 *kayofɤ (kayò),*	de 掉 *fɤrɤfɤ (fɤrò),*
consentir.	être ivre.	dire.	comprendre.	agiter.

Première conjugaison. — *Formation des temps.*

102. Le radical des verbes de la première conjugaison, comme nous l'avons dit plus haut, est terminé par *e,* ou, dans l'écriture, par une des syllabes ケ ゲ ヘ ベ テ デ セ ゼ メ ネ レ エ *ke, ge, fe, be, te, de, se, ze, me, ne, re, ye.*

103. *Temps simples.* — L'impératif ne diffère ordinairement pas du radical; seulement il est d'usage d'y ajouter une interjection pour la deuxième personne, et la particule ト *to* pour la troisième.

104. Le présent de l'indicatif se forme en changeant l'*e* final du radical en *ꞟrꞟ*. Ex. :

Rad. 與 *ataye;* indic. prés. 與 *atayꞟrꞟ.* | Rad. 立 *tate;* indic. prés. 立 *tatꞟrꞟ* (1).

105. Le prétérit se forme par l'addition de la syllabe タ *ta* au radical :

Rad. アタエ *ataye;* prét. アタエタ *atayeta.* | Rad. タテ *tate;* prét. タテタ *tateta.*

106. Le futur se forme par l'addition au radical de la voyelle ウ *ꞟ* ou des syllabes ウズ *ꞟ-zꞟ :*

R. アタエ *ataye;* f. { アタエウ *atayeꞟ* (pr. *atayeô*). / アタエウズ *atayeꞟzꞟ* (pron. *atayeôzꞟ*). | Rad. タテ *tate;* f. { タテウ *tateꞟ* (prononcez *tateô*). / タテウズ *tateꞟzꞟ* (pr. *tateôzꞟ*).

107. Le conditionnel se forme à l'aide du radical et de la suffixe バ *ba* (2) :

Rad. アタエ *ataye;* cond. アタエバ *atayeba.* | Rad. タテ *tate;* cond. タテバ *tateba.*

108. Le conjonctif se forme en changeant l'*e* final du radical en *ꞟreba* ou en *ꞟredomo :*

R. アタエ *ataye;* conj. { アタエンバ *atayꞟreba.* / アタエンド *atayꞟredomo.* | Rad. タテ *tate;* conj. { タヅンバ *tatꞟreba.* / タヅンド *tatꞟredomo.*

109. L'infinitif est semblable au présent de l'indicatif; seulement on y ajoute quelquefois une particule, telle que 事 *koto* « chose, affaire (negotium, τὸ) » :

Rad. アタエ *ataye;* ind. prés. ou inf. アタエル *atayꞟrꞟ;* inf. アタエルコト *atayꞟrꞟ-koto.*

110. Le participe ne diffère du prétérit que par le changement de la voyelle finale *a* en *e,* ou, dans l'écriture, タ *ta* en テ *te :*

Prét. アタエタ *atayeta;* part. アタエテ *atayete.* | Prét. タテタ *tateta;* part. タテ゛ *tatete.*

111. *Temps composés.* — La plupart des temps composés se forment avec le concours du participe en テ *te* et de l'auxiliaire アル *arꞟ* (§ IV, 93–96). Nous en donnerons quelques exemples :

アタエテアル *atayete arꞟ,* il a donné (3).

アタエテアッタ *atayete atta,* il avait donné.

アタエテアンバ *atayete areba,* lorsqu'il a donné.

アタエテアッタンバ *atayete attareba,* lorsqu'il eut donné.

---

(1) タヅル *tatꞟrꞟ* ou *tatꞟrꞟ.* Cet exemple, que j'ai donné avec intention, ne fait point exception à la règle générale de formation du présent de l'indicatif; car nous avons vu, plus haut, que la syllabe ヅ *tꞟ* représentait le son *tꞟ* dans le syllabaire japonais (Voy. pag. 20).

(2) Cette suffixe バ *ba* n'est autre chose que la particule 者 ハ *va,* altérée.

(3) Nous avons traduit ces quatre formes à la 3ᵉ personne du singulier, quoiqu'elle ne soit pas déterminée par la présence d'un pronom, dont, au besoin, la place serait ici la même que dans les temps simples.

Deuxième conjugaison. — Formation des temps.

112. Les radicaux des verbes de la seconde conjugaison se terminent par la voyelle *i*, et, dans l'écriture, par l'une des syllabes キ チ シ ミ ニ リ ギ ビ *ki, tsi, si, mi, ni, ri, gi, bi.*

113. Le présent de l'indicatif (1) se forme en changeant l'*i* final en *u*; ex. :

Rad. ヨミ *yomi*; indic. prés. 讀ヨム *yomu*, je lis. | Rad. カキ *kaki*; indic. prés. 書ク *kaku*, j'écris.

114. Les prétérits de la deuxième conjugaison sont sujets à diverses formes, suivant les désinences de leurs racines verbales respectives; aussi les règles de dérivation du passé présentent-elles d'assez nombreuses exceptions. Nous nous contenterons d'en donner ici la liste (2), nous réservant de donner ailleurs des explications que ne comporterait point l'étendue de cette Introduction.

Les verbes dont les radicaux sont terminés par

オビ *obi*, オミ *omi*, changent cette désinence en オウダ *ōda* (3) : ヨミ *yomi* [rad. de ヨム *yomu*, lire], ヨウダ *yōda*; — トビ *tobi* [rad. de トブ *tobu*, sauter], トウダ *tōda*; — ヨロコビ *yorokobi* [rad. de ヨロコブ *yorokobu*, se réjouir], ヨロコウダ *yorokōda*. — Le verbe défectif トム *tomu*, être riche, dont le radical est トミ *tomi*, fait au prétérit トンダ *tonda* (pour トムダ).

アビ *abi*, アミ *ami*   —   アウダ *ōda* : エラビ *yerabi* [rad. de エラブ *yerabu*, choisir], エラウダ *yerōda*; — ヲガミ *wogami* [rad. de ヲガム *wogamu*, adorer, vénérer], ヲガウダ *wogōda*; — ヤミ *yami* [rad. de ヤム *yamu*, s'arrêter, cesser], ヤウダ *yōda*.

イミ *imi*   —   イウダ *iuda* : ナジミ *nazimi* [rad. de ナジム *nazimu*, être familier], ナジウダ *naziuda*; = ニジミ *nizimi* [rad. de ニジム *nizimu*, souiller], = ニジウダ *niziuda*; シミ *simi* [rad. de シム *simu*, teindre], シウダ *siuda*.

ウミ *umi*, ウビ *ubi*   —   ウンダ *unda* ou ウダ *uda* : ムスビ *musubi* [rad. de ムスブ *musubu*, nouer], ムスンダ *musunda* ou ムスウダ *musuda*; スミ *susumi* [rad. de ススム *susumu*, avancer], ススンダ *susunda* ou ススウダ *susuda*. Le verbe

---

(1) Pour l'infinitif, qui est semblable à l'indicatif, voy. p. 44 (§ IV, 109).

(2) Cette liste est extraite de la Grammaire du P. Rodriguez. Nous y avons ajouté les caractères qui sont nécessaires pour donner une juste idée des différentes formations du prétérit dans la seconde conjugaison.

(3) Il est bien entendu que ces voyelles, que nous figurons en *kata-kana*, pour plus de clarté,

perdent, en se combinant avec des consonnes, la forme que nous leur donnons ici, à cause de la nature syllabique même de l'écriture japonaise, qui les force à changer leur forme voyelle isolée lorsqu'elles se combinent avec une consonne préfixée. Ainsi, *o* (isolément オ) prend les formes ロ *ro*, ホ *fo*, ソ *so*, コ *ko*, etc., suivant qu'elle est jointe à *r*, *f*, *s* ou *k*.

ク ム *kʊmʊ*, puiser de l'eau, dont le radical est ク ミ *kʊmi*, prend au prétérit seulement la forme ク ン ダ *kʊnda*.

エ ビ *ebi*, エ ミ *emi* — エ ウ ダ *eôda :* サ ケ ビ *sakebi* [rad. de サ ケ ブ *sakebʊ*, crier, hurler], サ ケ ウ ダ *sakeôda ;* ソ ネ ミ *sonemi* [rad. de ソ ネ ム *sonemʊ*, envier], ソ ネ ウ ダ *soneôda.*

ギ *gi* — イ ダ *ida :* ア ヲ ギ *awogi* [rad. de ア ヲ グ *awogʊ*, lever les yeux], ア ヲ イ ダ *awoida ;* ヲ ヨ ギ *woyogi* [rad. de ヲ ヨ グ *woyogʊ*, nager], ヲ ヨ イ ダ *woyoida ;* コ ギ *kogi* [rad. de コ グ *kogʊ*, ramer], コ イ ダ *koida.*

ニ *ni* — イ ン ダ *inda :* レ ニ *sini* [rad. de レ ヌ ル *sinʊrʊ*, mourir], レ ン ダ *sinda ;* イ ニ *ini* [rad. de イ ヌ ル *inʊrʊ*, s'en aller], イ ン ダ *inda.*

チ *tsi*, リ *ri* — ッ タ *tta :* マ チ *matsi* [rad. de マ ツ *matsʊ*, attendre], マ ッ タ *matta ;* タ チ *tatsi* [rad. de タ ツ *tatsʊ*, trancher], タ ッ タ *tatta ;* キ リ *kiri* [rad. de キ ル *kirʊ*, couper], キ ッ タ *kitta ;* チ リ *tsiri* [rad. de チ ル *tsirʊ*, disperser]̆, チ ッ タ *tsitta.*

キ *ki*, シ *si* — イ タ *ita :* カ キ *kaki* [rad. de カ ク *kakʊ*, écrire], カ イ タ *kaita ; —* ハ キ *faki* [rad. de ハ ク *fakʊ*, vomir], ハ イ タ *faita ; —* ヌ キ *nʊki* [rad. de ヌ ク *nʊkʊ*, arracher], ヌ イ タ *nʊita ; —* サ シ *sasi* [rad. de サ ス *sasʊ*, désigner du doigt (en anglais, to point)], サ イ タ *saita ; —* マ シ *masi* [rad. de マ ス *masʊ*, excéder], マ イ タ *maita* (également マ ッ タ *masita*) ; — コ シ *kosi* [rad. de コ ス *kosʊ*, couler], コ イ タ *koita.*

115. Le futur se forme en changeant l'*i* final du radical en *ō* (*aʊ*) :

Rad. ヨ ミ *yomi ;* fut. ヨ マ ウ *yomō.* | Rad. カ キ *kaki ;* fut. カ ヽ ウ *kakō.*

116. L'impératif ne diffère du radical que par la permutation de sa voyelle finale *i* en *e :*

Rad. ヨ ミ *yomi ;* impér. ヨ メ *yome.* | Rad. カ キ *kaki ;* impér. カ ケ *kake.*

117. Le conditionnel se forme en changeant l'*i* final du radical en *aba :*

Rad. ヨ ミ *yomi ;* cond. ヨ マ バ *yomaba.* | Rad. カ キ *kaki ;* cond. カ ヽ バ *kakaba.*

118. Le conjonctif se forme du radical, en changeant l'*i* final en *eba :*

Rad. ヨ ミ *yomi ;* conj. ヨ メ バ *yomeba.* | Rad. カ キ *kaki ;* conj. カ ケ バ *kakeba.*

119. Le participe se forme du prétérit en changeant l'*a* final en *e :*

Prét. ヨ ウ ダ *yōda ;* part. ヨ ウ デ *yōde.* | Prét. カ イ タ *kaita ;* part. カ イ テ *kaite.*

Troisième conjugaison. — Formation des temps.

120. Les radicaux des verbes de la troisième conjugaison se terminent en ヒ *fi,* ou en イ *i* ou ギ *yi* dans la langue vulgaire.

121. Le présent de l'indicatif se forme du radical en changeant ヒ *fi*, ou イ *i*, # *yi*, en フ *fʊ* ou ウ *ʊ* :

Rad. ウ ヒ *ʊsinaʹi*; indic. 失ウ ヒ *ʊsinʊ̀* (*aʹʊ*), perdre. | Rad. イ ヒ *iʹi*; indic. 云ウ イ *iʹʊ*, dire.

122. Le prétérit se forme en ajoutant タ *ta* au présent de l'indicatif :

Rad. ウ レ ナ ヒ *ʊsinaʹi*; prét. ウ レ ナ フ タ *ʊsinʊ̀ta*. | Rad. イ ヒ *iʹi*; prét. イ フ タ *iʹʊta*.

123. Le futur se forme en changeant la terminaison *i* du radical en ハ フ *vò* (*vaʹʊ*), ou, ce qui revient au même, en intercalant la syllabe ハ *va* avant la dernière syllabe du présent de l'indicatif :

Rad. ウ レ ナ ヒ *ʊsinaʹi*; fut. ウ レ ナ ハ フ *ʊsinavò*. | Rad. イ ヒ *iʹi*; fut. イ ハ ウ *ivò*.

124. L'impératif consiste dans la permutation de la voyelle *i* finale du radical en *e*, c'est-à-dire ヒ *fi* ou イ *i* en ヘ *fe* (*ye*) ou エ *e* :

Rad. ウ レ ナ ヒ *ʊsinaʹi*; imp. ウ レ ナ ヘ *ʊsinaye*. | Rad. イ ヒ *iʹi*; impér. イ ヘ *iye*.

125. Le conditionnel se forme en changeant la syllabe finale du radical *i* en ハ バ *vaba* :

Rad. ウ レ ナ ヒ *ʊsinaʹi*; c. ウ レ ナ ハ バ *ʊsinavaba*. | Rad. イ ヒ *iʹi*; cond. イ ハ バ *ivaba*.

126. Le conjonctif se forme par l'addition de la syllabe バ *ba* à l'impératif :

Imp. ウ レ ナ ヘ *ʊsinaye*; conj. ウ レ ナ ヘ バ *ʊsinayeba*. | Imp. イ ヘ *iye*; conj. イ ヘ バ *iyeba*.

2. *Verbes négatifs.*

127. Les verbes négatifs constituent en quelque sorte, dans la grammaire japonaise, une conjugaison particulière.

128. Ils se forment ordinairement des radicaux des verbes affirmatifs, savoir : 1° en ajoutant simplement la particule ヌ *nʊ* ou ズ *zʊ* (不 ヌ ズ) pour la première conjugaison ; 2° en changeant l'*i* final du radical en *a* suivi de la particule susmentionnée ヌ *nʊ* ou ズ *zʊ*, pour la deuxième et la troisième conjugaison ; ex.:

イ デ *ide*, rad. du verbe affirmatif 出イ デ ル *idzʊrʊ*, sortir ; nég. デ デ ヌ ズ *idenʊ*, *idezʊ*, ne pas sortir.

マ チ *matsi*, rad. du verbe affirmatif 待マ ツ *matsʊ*, attendre ; nég. タ タ ヌ ズ *matanʊ*, *matazʊ*, ne pas attendre.

ナ ラ ヒ *naravi*, rad. du verbe affirmatif 學ナ ラ フ *naravʊ* (*narò*), étudier ; nég. ナ ナ ラ ラ ハ ハ ヌ ズ *naravanʊ*, *naravazʊ*, ne pas étudier.

129. Le prétérit se forme, dans les trois conjugaisons, en changeant la syllabe finale de l'infinitif négatif ヌ *nŏ* ou ズ *zŏ* en ナンダ *nanda* ou ザッタ *zatta :*

Rad. affirm. イデ *ide;*   prét. nég. イデナンダ *idenanda* ou イデザッタ *idezatta.*

—   —   マチ *matsi;*   —   マタナンダ *matananda* ou マタザッタ *matazatta.*

—   —   ナラヒ *naravi;* —   — ナラハナンダ *naravananda* ou ナラハザッタ *naravazatta.*

130. Le futur négatif s'indique par la particule マイ *mai* ou マジ *mazi* post-posée à l'infinitif des verbes affirmatifs :

Infin. affirm. イヅル *idzŏrŏ;* fut. nég. イヅルマイ *idzŏrŏ-mai* ou イヅルマジ *idzŏrŏ-mazi.*

—   —   マツ *matsŏ;*   —   マツマイ *matsŏ-mai* ou マツマジ *matsŏ-mazi.*

—   —   ナラフ *naravŏ;* —   — ナラフマイ *naravŏ-mai* ou ナラフマジ *naravŏ-mazi.*

131. L'impératif négatif se forme de l'infinitif affirmatif suivi de ナ *na :*

Infin. affirm. イヅル *idzŏrŏ;*   impér. nég. イヅルナ *idzŏrŏ-na.*

—   —   マツ *matsŏ;*   —   マツナ *matsŏ-na.*

—   —   ナラフ *naravŏ (narò);* —   — ナラフナ *naravŏ-na (narò-na).*

132. Le conjonctif réclame le changement de la voyelle ŏ finale de l'infinitif négatif en *eba :*

Infin. nég. イデヌ *idenŏ;*   conj. nég. イテヂバ *ideneba.*

—   —   マタヌ *matanŏ;*   —   マタヂバ *mataneba.*

—   —   ナラハヌ *naravanŏ;* —   — ナラハヂバ *naravaneba.*

133. Le participe passé négatif se forme soit du prétérit négatif, par la permutation de l'*a* en *e;* comme :

Prét. nég. イデナンダ *idenanda;*   part. nég. イデナンデ *idenande.*

—   — マタナンダ *matananda;*   —   マタナンデ *matanande.*

—   — ナラハナンダ *naravananda;* —   — ナラハナンデ *naravanande.*

soit de l'indicatif en ズ *zŏ,* avec cette même syllabe changée en ジ *zi,* et dans l'usage devenue simplement イ *i,* et la suffixe デ *de :*

Indic. nég. イデズ *idezŏ;*   part. nég. イデイデ *ideide.*

—   —   マタズ *matazŏ;*   —   マタイデ *mataide.*

—   —   ナラハズ *naravazŏ;* —   — ナラハイデ *naravaide.*

134. Le verbe substantif négatif ナゥ *nō* (langue parlée), ナり *nakɤ* (langue écrite), forme ainsi qu'il suit les principaux temps de sa conjugaison :

INDICATIF.

PRÉSENT.

ナイ *nai* (langue parlée)
ナレ *nasi* (langue écrite) } il n'est pas, ou il n'a pas.

PRÉTÉRIT.

ナカッタ *nakatta*, il n'a pas été, ou il n'a pas eu.

IMPÉRATIF.

PRÉSENT.

ナイナ *naina*
ナヽイゾ *nanai-so* } qu'il ne soit pas, ou qu'il
ナカレ *nakare* } n'ait pas.

CONJONCTIF.

PRÉSENT.

ナケレバ *nakereba*, puisqu'il n'est pas, ou qu'il n'a pas.

PRÉTÉRIT.

ナカッタレバ *nakattareba*, puisqu'il n'a pas été, ou qu'il n'a pas eu.

CONDITIONNEL.

PRÉSENT.

ナりバ *nakɤ-va*
ナりンバ *nakɤm-ba* } s'il n'est pas, ou s'il n'a pas.

PRÉTÉRIT.

ナカッタラバ *nakattara-ba*, s'il n'a pas été, ou s'il n'a pas eu.

INFINITIF.

PRÉSENT.

ナゥ *nō* (langue parlée)
ナり *nakɤ* (langue écrite) } ne pas être, ne pas avoir
ナイコト *nai-koto* } id. (τὸ non esse, vel τὸ
ナレコト *nasi-koto* } non habere).

PRÉTÉRIT.

ナカッタコト *nakatta-koto*, ne pas avoir été, ne pas avoir eu.

FUTUR.

ナカラゥコト *nakarō-koto*, ne devoir pas être, ne devoir pas avoir.

PARTICIPE.

ナゥテ *nōte*
ナりテ *nakɤte* } pas été, pas eu.

135. Lorsque l'on veut attacher au verbe substantif négatif un sens honorifique pour témoigner le respect, on se sert du composé ゴザナレ *go-za-nasi* 無御座 littéralement, « n'avoir pas un siége noble », qui est une contraction de ゴザリナレ *go-zari-nasi* ou ゴザリナイ *go-zari-nai*, qui, dans l'usage, signifie simplement « il n'est pas, il n'a pas ».

3. *Verbes anomaux.*

136. Les adjectifs japonais terminés en キ *ki* dans la langue écrite et en イ *i* dans l'idiome vulgaire, lorsqu'ils ont une valeur verbale, changent la finale de la

7

forme écrite 辛 en ン *si*, tandis qu'ils conservent, dans les deux cas, leur désinence イ *i* de la langue parlée. Ainsi :

善キ ヨ *yoki* « bon » devient 善ッ ヨ *yosi* « il est bon ». | 高キ クカ *takaki* « haut » devient 高ッ クカ *takasi* « il est haut ».

Quant aux formes de l'idiome vulgaire ヨイ *yoi*, タカイ *takai*, suivant leur position, elles signifient « bon, haut », ou « il est bon, il est haut », sans variation
dans la terminaison.

137. Les adjectifs japonais prennent une valeur nominale ou verbale, suivant
la place qu'ils occupent dans une phrase. Ainsi, on lira :

善人 *yoki* } *fito*, homme bon. | 人善 *fito* { *yosi*, l'homme est bon.
yoi } | *yoi*,

高家 *takaki* } *iye*, maison élevée. | 家高 *iye* { *takasi*, la maison est haute.
takai } | *takai*,

138. Les verbes dérivant d'adjectifs forment leurs radicaux en changeant la
finale イ *i* ou キ *ki* des adjectifs, en ウ *u* pour l'idiome vulgaire, ou en ク *ko* pour
celui des livres. Ainsi, l'on obtiendra :

De ヨイ *yoi*, ヨウ *yō* ou ヨク *yoko*. | De タカイ *takai*, タカウ *takō* ou タカク *takako*.

Ces radicaux obtiennent dès lors une valeur adverbiale.

139. La conjugaison de ces verbes est la même que celle du verbe négatif ナウ
nō, ナク *nako*, que nous avons donnée plus haut (§ IV, 134).

4. *Verbes passifs.*

140. Les verbes passifs forment leurs radicaux de ceux des verbes actifs, en
prenant la suffixe ラレ *rare* (被ラ) pour les verbes de la première conjugaison;
comme :

Rad. actif, アゲ *age*; rad. passif, アゲラレ *agerare*;

et pour les verbes de la seconde et de la troisième conjugaison, en permutant la
dernière voyelle radicale de l'actif en *a*, et en n'y ajoutant que la finale レ *re* :

Rad. actif, ヨミ *yomi*; rad. passif, ヨマレ *yomare*.
— — カヒ *ka'i* (*kavi*); rad. passif, カハレ *kavare*.

141. Les verbes passifs deviennent négatifs, si on ajoute à leurs radicaux la suffixe négative ヌ *nʊ* ou ズ *zʊ* (§ iv, 128) :

> Rad. passif, アゲラ〵 *agerare*; rad. passif nég. アゲラ〵ヌ *agerarenʊ*.
> — — ヨ〒〵 *yomare*; rad. passif nég. ヨ〒〵ヌ *yomarenʊ*.

142. Le paradigme de la conjugaison des verbes passifs peut se former de la même manière que celui des verbes actifs. Ainsi, avec les radicaux passifs

アゲラ〵 *agerare* (被 ラ レ／揚 ア ゲ), ヨ〒〵 *yomare* (被 ヨ／讀 〵), カハ〵 *kavare* (被 カ ／買 ハ 〵),

on formera les temps simples

アゲラル〵 *agerarʊrʊ*, アゲラ〵タ *agerareta*, アゲラ〵ウ *agerareô*, アゲラ〵ヨ *agerare yo*, アゲラ〵ヌ *agerare-nʊ*, アゲラ〵ナンダ *agerarenanda*; ヨ〒ル〵 *yomarʊrʊ*, ヨ〒〵タ *yomareta*, ヨ〒〵ウ *yomareô*, ヨ〒〵ヨ *yomare-yo*, ヨ〒〵ヌ *yomare-nʊ*, ヨ〒〵ナンダ *yomarenanda*; カハル〵 *kavarʊrʊ*, カハ〵タ *kavareta*, カハ〵ウ *kavareô*, カハ〵ヨ *kavare-yo*, カハ〵ヌ *kavare-nʊ*, カハ〵ナンダ *kavarenanda*, etc.

5. *Verbes pronominaux, impersonnels, irréguliers, etc.*

143. Les verbes japonais deviennent pronominaux ou réfléchis lorsqu'on leur adjoint l'un des pronoms réfléchis que nous avons donnés plus haut (§ iii, 77-78).

144. Les verbes impersonnels proprement dits, exprimant un état de l'atmosphère, manquent généralement en japonais. On les remplace par les locutions suivantes :

アメガフル *ame-ga fʊrʊ* (1), il pleut.
ユキガフル *yʊki-ga fʊrʊ*, il neige.
アラ〵ガフル *arare-ga fʊrʊ*, il grêle.
レモガフル *simo-ga fʊrʊ*, il fait de la gelée blanche.
キリガフル *kiri-ga fʊrʊ*, il fait du brouillard.

キリアメガフル *kiri-ame-ga fʊrʊ*, il bruine.
ツユガフル *tsʊyʊ-ga fʊrʊ*, il tombe de la rosée.
カゼガフク *kaze-ga fʊkʊ* (2), il vente.
カミノリガナル *kaminori-ga narʊ*, il tonne.
イナヅマガスル *inadzʊma-ga sʊrʊ*, il fait des éclairs.

145. On modifie le sens de certains verbes en leur faisant subir une légère permutation dans la désinence. La liste de ces variations serait trop longue pour être

---

(1) フル (下 フ ル) signifie par lui-même «tomber», dans le sens de notre expression « tomber de l'eau ».

(2) フク (吹 フ ク) Souffler.

insérée dans cette Introduction ; aussi nous contenterons-nous d'en donner quelques exemples, sauf à en traiter ailleurs avec toute l'étendue nécessaire pour ce sujet :

ア ゲ ル *agɤrɤ* (rad. ア ゲ *age*), élever; ア ガ ル *agarɤ* (rad. ア ガ リ *agari*), s'élever, monter, augmenter, se perfectionner.

ヨ ム *yomɤ* (rad. ヨ ミ *yomi*), lire; ヨ ム ル *yomɤrɤ* (rad. ヨ メ *yome*), être susceptible d'être lu, être lisible.

フ ス ブ ル *fɤsɤbɤrɤ* (rad. フ ス ベ *fɤsɤbe*), enfumer; フ ス ボ ル *fɤsɤborɤ* (rad. フ ス ボ リ *fɤsɤbori*), paraître enfumé, vieux avant l'âge.

ヘ ラ ス *ferasɤ* (rad. ヘ ラ シ *ferasi*), diminuer; ヘ ル *ferɤ* (rad. ヘ リ *feri*), aller en diminuant.

§ V. ADVERBE.

146. Les adverbes japonais, considérés par rapport à leur forme, se divisent en deux classes principales : 1° les adverbes proprement dits; 2° les adverbes composés, ou locutions adverbiales.

147. Les adverbes japonais proprement dits sont des mots simples, c'est-à-dire qui ne sont point formés avec le secours d'une particule ou affixe. Tels sont : イ マ *ima* « maintenant », ケ サ *kesa* « ce matin ». De ce nombre il faut comprendre les adverbes sinico-japonais, comme : コ ン = ツ *kon-nits'* « aujourd'hui », イ チ テ イ *itsi-tei* « certainement », etc.

148. Quelques-uns de ces adverbes se forment par la répétition du mot radical, comme : マ イ マ イ *mai-mai* « continuellement », タ ビ タ ビ *tabi-tabi* « souvent », ツ ギ ツ ギ *tsɤgi-tsɤgi* « successivement », = チ = チ *nitsi-nitsi* « journellement » (1).

149. Différents substantifs sont employés, avec la postposition des datifs = *ni*, dans un sens adverbial. Tels sont : ト キ = *toki-ni* « à présent », マ ヘ = *maye-ni* « auparavant ».

150. Les adverbes japonais, considérés par rapport à leur signification, peuvent se diviser en adverbes de temps, de lieu, de quantité, de comparaison, d'ordre, de manière, d'affirmation, de négation, de doute, de prohibition, d'interroga-

---

(1) Ce mode de formation est commun à diverses langues de l'Asie orientale et de l'archipel Indien. Ainsi, l'on dira, par exemple, en chinois, 日 日 *ji-ji* ; en malay, هاري هاري *s'hāri-hāri* ;

en boughi, ᨆᨚᨊ ᨆᨚᨊ *œso-œso* ; littéralem. « jour-jour », pour « chaque jour, tous les jours, journellement, continuellement ».

tion, etc. Nous donnons ci-dessous quelques exemples de ces différentes espèces d'adverbes ou de locutions adverbiales.

1. *Adverbes de temps.*

151. Les principaux adverbes de temps sont :

クフ (コ今ケ 二日フ) keò ou *konnits*, aujourd'hui.

ケサ *kesa* (今ケ朝サ) Ce matin.

キノフ *kinò* ou サクレツ 昨キ日ノ *sak-zits*, hier.

アケノヒ (翌アケ日ヒ) *akeno fi* ou 明ミヤウ日二ツ *myō-nits*, demain.

アサテ *asate* ou ア明ミヤウ引サ後ゴ丨テ日ニチ *myō-go-nitsi*, après-demain.

トコシナヘ *tokosi-naye* (終シ古ナ) Toujours.

ツキ二 (終キ二) *tsŏyini*, jamais.

日ニチ 〱 *nitsi nitsi*, journellement, tous les jours.

イマ (今イ) *ima*, maintenant.

トキ二 (于二山 ou simplem. 時トキ二) *toki-ni*, à présent. 時トキ二

サキ二 (先サキ二) *saki-ni*, jadis.

モツテマヱ *motte maye* ou モツテ以イ二マヱ前ゼン *i-zen*, antérieurement.

モツテノチ *motte notsi* ou モツテ以イ二后後ゴ *i-go*, ultérieurement.

タビ〱 *tabi-tabi* ou 度ド 〱 *do-do*, souvent, fréquemment.

毎マイ 〱 *mai-mai*, souvent, fréquemment.

2. *Adverbes de lieu.*

152. Les principaux adverbes de lieu sont :

コ丶 *koko* (玆コ) Ici.

ソコ *soko* (其ソ處コ) Ce lieu-là.

アソコ *asoko* ou カレコ *kasiko* (カレ彼アソコ) Là-bas (angl. yonder).

En ajoutant à ces adverbes la particule du datif 二 *ni*, l'on forme les mots コ丶二 *koko-ni* « ici », ソコ二 *sokoni* « là », アソコ二 *asoko-ni* et カレコ二 *kasiko-ni* « là-bas (l'endroit le plus éloigné).

ウヱ二 *ŏye-ni* (上ウヱ二) Dessus, en haut.

レタ二 *sita-ni* (下レタ二) Dessous, en bas.

マヱ二 *maye-ni* (前マヱ二) Devant.

ノチ二 *notsi-ni* (後ノチ二) Derrière.

ウチ二 *ŏtsi-ni* (内ウチ二) Dedans, dans l'intérieur.

ナカ二 *naka-ni* (中ナカ二) Dedans, au milieu.

ホカ二 *foka-ni* (外ホカ二) Dehors.

チカ二 *tsika-ni* (近チカ二) Près.

153. Les adverbes de lieu « d'ici, de là, » se forment à l'aide des pronoms démonstratifs ュ レ *kore*, ソ レ *sore*, suivis de l'une des particules de l'ablatif :

到 ノ 備ビ 其   *Sore-yori bi-zen-no kɵni-ni itari.*
リ。國 前ゼ ヨ   De là il alla dans la province de Bizen.
　　 二 ン リ

3. *Adverbes de quantité.*

154. Parmi les adverbes de quantité, nous citerons :

オ ホ ク *ohok* (大 オ ホ ク) Beaucoup.

スク ナ ク *sɵkɵnak* (少 スク ナ ク, 些 同) Peu.

モ ツ ト モ (尤 モ ツ ト モ, 最 同) *mottomo*, très, extrêmement.

ハ ナ ハ ダ *fanafada* (甚 ハ ナ ハ ダ, 太 同) Très, grandement.

4. *Adverbes de comparaison.*

155. Au nombre des adverbes japonais de comparaison sont les suivants :

ゴ ト ク *gotok* (如 ゴ ト ク) Comme.

シ カ 〱 *sika-sika* (爾 シ カ 〱) Presque, environ, à peu près.

156. Les adverbes de comparaison « plus, davantage, » et « moins, » se forment à l'aide de la particule ヨ リ *yori* (於 ヨ リ), dans le sens de « que (angl. *than*) », et d'un adverbe tel que オ ホ ク *ohok*, litt. « grandement », スク ナ ク *sɵkɵnak*, litt. « petitement, peu » ; ヨ ク *yokɵ* « bien », ワ ル ク *wark* « mal ». On formera ainsi les locutions adverbiales :

ヨ リ オ ホ ク *yori ohok*, plus, davantage.

ヨ リ スク ナ ク *yori sɵkɵnak*, moins.

ヨ リ ヨ ク *yori yokɵ*, mieux.

ヨ リ ワ ル ク *yori wark*, pis.

Pour la position de la particule ヨ リ *yori* dans les phrases comparatives, voyez § II, 38-39.

5-6. *Adverbes d'ordre et de collection.*

157. Comme exemple d'adverbes d'ordre et de collection, nous citerons :

サ キ 二 *saki-ni* (先 サ キ 二) Premièrement, devant.

ノ チ 二 *notsi-ni* (後 ノ チ 二) Postérieurement, ensuite.

ト モ 二 *tomo-ni* (共 ト モ 二) Ensemble.

7. *Adverbes de manière.*

158. Les adverbes de manière se forment généralement d'adjectifs, en changeant ‡ *ki* de la langue écrite en ク *kø*, et celle de la langue vulgaire イ *i* en ウ *ø*. Ainsi, de ヨイ *yoi*, ヨ‡ *yoki* « bon », on forme l'adverbe ヨウ *yō* ou ヨク *yok* « bien » ; de カレコイ *kasikoi*, カレコ‡ *kasikoki* « sage », on forme l'adverbe カレコウ *kasikō*, カレコク *kasikok* « sagement ».

8-9. *Adverbes d'affirmation et de négation.*

159. Les adverbes d'affirmation et de négation les plus usités sont :

ハイ *vai*, アイ *ai*, セイ *yai*, oui.

ナカく *naka-naka* (中ナカ) Précisément, exactement.

マコト＝*makotoni* (寔コト) En vérité, vraiment.

一定テイ *itsi tei*, *itsi dzyō*, certainement, assurément.

イヤ *iya* (不イ要ヤ) ou イナヤ *inaya* (否イナヤ) Non.

10-11. *Adverbes de doute et de prohibition.*

160. Nous donnerons comme exemple d'adverbes de doute et de prohibition les suivants :

モレクハ *mosikwa* (讜モレク, 或ハ) Peut-être.

ナカレ *nakare* (勿ナカレ) Gardez-vous de..., ne veuillez pas.

12. *Adverbes d'interrogation.*

161. Les adverbes d'interrogation (Cf. *Pronoms interrogatifs*, § III, 82) les plus usités en japonais sont ceux qui suivent :

イヅレ *idzøre* ou イカン *ikan* (甚イカン, 麼ン) Comment?

イクサマ *ikø sama* (何イク樣サマ) De quelle façon? de quelle manière? comment?

ソクバク *sokøbak* ou ヨコバク *sokobak* (ソコ若ク, ク干ク) Combien?

イクバク *ikøbak* (幾イクバク) Combien?

ナヅ *nazo* (何ナゾ) Pourquoi?

ドコ *doko* (何ド處コ) Où? dans quel endroit?

ドナタ *donata* (何ド方タ) Où? de quel côté?

イツゴロ *itsø-goro* (何イツ時ゴロ) Quand? à quelle époque?

162. L'adverbe japonais précède ordinairement le verbe auquel il se rapporte :

シカハシ。　カニ人ヲ　キヽテ。ヒツ　濟王コレヲ　高麗王百

Koraï-wo, faksai-wo... kore-wo kikile, FISOKA-NI *nin-wo tsøkavasi.*

Le roi de Koré et le roi de Paiktse... ayant appris (entendu) cela, ils envoyèrent secrètement des éclaireurs (des hommes)...

§ VI. POSTPOSITIONS.

163. Les postpositions sont des particules qui, en japonais, tiennent ordinairement lieu de nos prépositions.

164. Les particules ou affixes qui servent à former les déclinaisons sont de véritables postpositions qui modifient le rôle des substantifs, et qui servent également à former différentes autres espèces de mots. (Voy. § ɪ, 7-15.)

165. Les postpositions suivantes sont habituellement employées, en japonais, pour rendre nos principales prépositions :

ウヱ *øye* (上) En haut, dessus, sur.

ナカ *naka* (中) Au milieu, dedans, dans.

シタ *sita* (下) En bas, dessous, sous.

サキ *saki* (先) Avant.

マヱ *maye* (前) Avant, auparavant.

ウシロ *øsiro* ou ノチ *notsi* (後) Après.

アト *ato* (1) (迹) Derrière.

ウチ *øtsi* (内) Dedans, dans.

ホカ *foka* (外) Hors, excepté.

トモニ *tomo-ni* (共) Avec, joint à.

モツテ *motte* (2) (以) Avec, à l'aide de, au moyen de.

シタガフテ *sitagòte* (3) (從) Suivant, selon.

タツテ *tatte* (4) (立) Relativement à.

ヲイテ *woite* (追) Suivant, touchant.

ニ *ni* (于) A, dans.

ヱ *ye* (于) A, vers.

ヨリ *yori* ou カラ (自) De (lat. ex, angl. from).

---

(1) Le caractère chinois qui représente アト *ato* signifie proprement « l'empreinte du pied ».

(2) Participe du verbe 持 *motsø*.

(3) Participe du verbe シタガフ *sitagafø* « suivre ».

(4) Participe du verbe タツル *tatsøru* « se tenir debout ».

§ VII. CONJONCTIONS.

166. Les conjonctions japonaises, considérées par rapport à leur forme, se divisent en conjonctions simples et en conjonctions composées ou locutions conjonctives.

167. Considérées relativement à leur signification, elles peuvent être divisées en conjonctions collectives, disjonctives, conditionnelles, adversatives, conclusives, augmentatives.

1. *Conjonctions collectives.*

168. Parmi les conjonctions collectives, nous mentionnerons ici les suivantes :

マタ *mata* (又 亦 同) Et, aussi.

ト *to* (與 ト) Avec, et, joint à.

モ *mo* (亦) Et, aussi.

トモ二 *tomoni* (共 偕 同) Avec, ensemble.

レカモ *sikamo* (然 而 同) Et, certes.

レカブ *sikabo* (然) Et, certes.

レカウレテ *sika osite* (而) Et, aussi.

レカレナガラ *sikasinagara* (併) Avec, ensemble, et.

2. *Conjonctions disjonctives.*

169. Nous citerons parmi les conjonctions disjonctives :

アルヰハ *aroiva* (或 幷) Ou, ou bien, soit.

カ *ka* (乎 カ) Ou?

イヘ゛ *iye domo* (雖) Quoique.

タゝレ *tadasi* (但) Mais.

3. *Conjonctions conditionnelles et adversatives.*

170. Au nombre des conjonctions conditionnelles et adversatives sont les suivantes :

モシ *mosi* (如 倘 同) Si.

タゝ *tada* (只 啻 同 止 同) Seulement.

4. *Conjonctions conclusives.*

171. Les conjonctions conclusives les plus importantes sont :

スデ二 *sodeni* (既) Puisque.

スナハチ *sonavatsi* (則 乃 同 便 同) Alors, certes.

イマレ ヒ *imasivi* (乃) Certes.

ソノウヱ *sono-oye* (且) Sur ce, alors.

ヨッテ *yotte* (由 因 同) Parce que.

レカリ *sikari* (爾) Ainsi.

8

サ ラ ニ *sarani* (更) En outre, en plus, de nouveau.

コ ✓ ニ ヨ ヅ テ *koreni yotte* (由此), ソ ✓ ニ

ヨ ヅ テ *soreni yotte* (由) C'est pourquoi.

カ ル ガ ユ ヘ ニ *karaga yoyeni* (故) C'est pourquoi.

§ VIII. INTERJECTION.

172. Les Japonais emploient un très-grand nombre d'interjections différentes dans le langage familier. Nous ne citerons que les suivantes :

ア ハ ✓ *avare* (隂) Interjection de la peine, de la tristesse.

ア 丶 *aa* (嗚呼) Hélas !

サ テ *sate* (抐) (1)) Interjection exprimant l'admiration, la douleur : Ah !

イ *i-i*, hé !

Nous venons de jeter un coup d'œil rapide sur les principales formes que sont susceptibles de revêtir les différentes espèces de mots qui composent le matériel de la langue japonaise; nous avons aperçu les procédés de transformation qui leur permettent de changer successivement de catégorie grammaticale, et de prendre, dans chacune d'entre elles, toutes les nuances qu'il peut être nécessaire de faire saisir à l'esprit; nous avons vu comment un même mot japonais pourrait, dans certaines conditions, acquérir successivement la valeur de substantif simple ou abstrait, d'adjectif ou d'adverbe, de verbe actif, passif, transitif ou réfléchi, avec sens affirmatif ou négatif, et ceci, par le seul usage d'affixes jointes au radical (2). Cette dernière propriété facultative des mots japonais et leur procédé de génération ou de transformation lexigraphique, sont le propre des langues dites *agglutinantes,* au nombre desquelles il faut comprendre celle des insulaires du Japon,

(1) Le caractère 抐 *sate* est un caractère chinois vulgaire du Japon. Cf. *Syo-gen-zi kō*, éd. lith., p. 60, c. 15.

(2) Pour ne citer que peu d'exemples, nous prendrons le mot ク ロ *koro* (黑), qui donnera lieu à la formation des dérivés suivants :

Substantif, ク ロ *koro*, LE NOIR.
Substantif abstrait, ク ロ サ *korosa*, noirceur.
Adjectif, ク ロ キ *koroki*, noir, noire.
Adverbe, ク ロ ク *koroku*, d'une manière noire.
Verbe adjectif, ク ロ レ *korosi*, il est noir.
— actif, ク ロ ム ル *koromuru*, noircir.
— réfléchi, ク ロ ム *koromu*, se noircir.

dans laquelle on doit constater d'assez fréquentes élisions résultant de crâses opérées entre les racines et les affixes des mots composés. .

La déclinaison japonaise existe seulement par le fait et la propre puissance des postpositions que l'on a coutume de joindre à la forme simple des substantifs, et cela sans que ces suffixes (qui ont la valeur de nos prépositions) fassent éprouver aucune altération à la désinence primitive des noms, qu'elles ne modifient qu'en leur ajoutant la valeur qu'elles possèdent par elles-mêmes (1).

En japonais, comme en mandchou, en mongol, en tibétain, en ouïgour, en turc et en chinois, le nom au génitif précède toujours le nominatif auquel il se rapporte. Il en est de même de l'adjectif, qui, dans ce dernier idiome, comme dans toutes ces langues tartares et dans celle du Japon, précède ordinairement le substantif qu'il qualifie. L'accusatif des verbes japonais précède aussi le verbe dont il est le complément, ce qui a également lieu en mandchou, en mongol, en ouïgour; mais ce qui est contraire à la construction phraséologique de la langue chinoise, dans laquelle le régime est toujours placé après le verbe.

Le comparatif se forme en japonais à l'aide de la particule de l'ablatif (2) (Voy. § I, 14; § II, 38-39; § VI, 165) jointe au mot comparé. Il en est de même dans les principales langues tartares, et notamment en tibétain.

La conjugaison des verbes japonais ne manque pas d'un certain développement; je dirai même que, dans son genre, elle est douée d'une assez grande extension. Tandis que, d'un côté, la déclinaison n'est tout au plus que l'agglutination de postpositions au substantif sans aucune crâse, d'un autre côté, la conjugaison semble être sortie de cet état de séparation, d'isolement si contraire à la nature et si dépourvu de vie, en formant des nœuds de plus en plus étroits entre les racines verbales et les affixes déterminatives des modes et des temps.

Le mot レ タ *sita* (下 タ), avec quelques modifications dans les désinences ou affixes, prendra les valeurs suivantes :

Préposition, レ タ *SITA*, sous.

Adverbe, レ タ = *sita-ni*, inférieurement, en bas
Substantif, レ タ ハ *sita-va*, le bas.
Adjectif, レ タ ノ *sita-no*, bas, basse.

(1) C'est une affinité que l'on peut constater entre la langue japonaise et les langues tartares, dans lesquelles les rapports des noms ne se marquent que par des particules suffixes ou postpo-

sitions, sans crâse, ce qui ne saurait constituer une déclinaison dans l'acception rigoureuse de ce mot. Voy. ABEL-RÉMUSAT, *Recherches sur les langues tartares*, p. 395. — Cf. également WILHELM SCHOTT, *Versuch über die Tatarischen Sprachen*. Berlin, 1836, in-4°, p. 49 et suiv.

(2) ヨ リ *yori* (自 ヨ リ), qui a le sens de l'anglais *from* ou du latin *ex*, usité pour le comparatif, peut se traduire par « à partir de », comme dans cette phrase : « Grand [encore] à partir de l'arbre », pour « plus grand que l'arbre ». C'est un équivalent de la particule hébraïque מין *min*.

Il est vrai que la source principale de l'existence de la conjugaison japonaise réside dans le verbe auxiliaire qui s'allie avec les radicaux, et qui forme la plus grande partie des désinences verbales. Quant au rôle de cet auxiliaire, dont la présence se distingue facilement dans ses composés au sein de la conjugaison, il se retrouve avec des conditions presque identiques dans les verbes de nos langues à flexions. Mais, en dehors du rôle de l'auxiliaire dans les formes du verbe japonais, il faut remarquer cette faculté qui est propre à ce dernier de s'adjoindre quelques affixes et d'obtenir ainsi successivement, sans changer radicalement de forme, la valeur active, passive, causative, réfléchie, etc. Il y a là un nouveau rapport grammatical à constater à l'égard des langues tartares, et entre autres avec le mandchou, le mongol, le hongrois (1). Un autre point de contact remarquable entre le japonais et le mandchou ou le turc, consiste dans la forme négative des verbes qui comprend le négatif intercalé entre les racines et les désinences de la conjugaison.

L'emploi peu fréquent des pronoms personnels près des verbes, joint à l'absence de variation dans la désinence de ces derniers pour rappeler et distinguer les agents, sont sans doute des raisons qui altèrent la nature verbale en japonais. « Les verbes japonais, remarque un illustre philologue allemand, feu Guillaume de Humboldt, portent moins que ceux des autres langues le caractère verbal, par la circonstance que leurs inflexions ne varient jamais quant aux personnes ; car, ajoute ce savant, ce qui caractérise surtout le verbe, c'est qu'il doit toujours y avoir une personne qui y soit affectée, tandis que les noms ne se rapportent aux personnes que dans certains cas ou sous certaines conditions (2). » J'ajouterai que cet usage fort limité des pronoms et des verbes, se remarque encore dans plusieurs langues tartares, et en chinois.

Enfin, je rappellerai que nos prépositions sont remplacées en japonais par des postpositions, de même qu'en mandchou, en mongol, en tibétain, en ouigour et en turc.

Ces courtes observations suffiront pour constater qu'il existe de nombreux cas d'affinité entre la grammaire japonaise et celle des principaux idiomes tartares, dont les vocabulaires cependant paraissent, dans l'état actuel de la science, ne présenter aucun rapport notable.

---

(1) Voy. H. Conon de la Gabelentz, *Élémens de la Grammaire mandchoue*, pag. 45.

(2) *Supplém. à la Gramm. du P. Rodriguez*, pag. 6.

V.

LANGUE ET LITTÉRATURE SINICO-JAPONAISES.

Par cela même que la langue chinoise est très-généralement répandue chez les lettrés japonais (1), on la trouve fréquemment employée dans leurs publications scientifiques, historiques et littéraires. Quelquefois ils emploient les caractères idéographiques sans l'addition d'aucun signe qui leur soit étranger : comme leurs ouvrages sont, dans ce cas, tout à fait semblables à ceux des Chinois, nous ne nous en occuperons pas ici. D'autres fois les livres en chinois qu'ils publient sont accompagnés d'une traduction japonaise interlinéaire. Mais alors, comme la construction phraséologique diffère essentiellement de celle du chinois, ils se trouvent dans la nécessité d'employer quelques signes (2) destinés à indiquer l'ordre dans lequel doivent être lus, en japonais, les caractères chinois du texte.

Ainsi, la proposition suivante : « JE NE SAIS PAS CELA, » s'écrirait en caractères idéographiques :

3 知 1 我   et se lirait à la manière chinoise :
4 之 2 不

1	2	3	4
ngò	pǒ	tchi	tchi
moi	pas	savoir	cela

Mais un Japonais qui y trouverait les signes à son usage dont nous avons parlé (II, 17), comme :

3 知 1 我   lirait cette petite phrase par l'équivalent des signes
4 之 2 不   idéographiques dans sa propre langue et dans l'ordre suivant :

1	4	3	2
wataks-wa	kore-wo	sira	- zǒ
moi	cela	savoir	pas

(1) La langue chinoise, dans la plupart des contrées civilisées de l'Asie orientale, et chez les Japonais surtout, joue un rôle littéraire comparable à celui de la langue latine chez les nations occidentales de l'Europe : c'est, chez ces peuples, l'idiome savant et classique par excellence.

(2) Voir, pour ces signes, la page 12 de cette *Introduction* (II, 17).

Cet exemple et le texte que nous donnons ci-dessous suffiront, nous l'espérons, pour donner une idée succincte de la différence de construction phraséologique du japonais et du chinois.

Le passage qui suit est extrait d'une édition des *Ssé-chŏ*, ou livres philosophiques des Chinois, avec une version japonaise imprimée en kata-kana, et dont un exemplaire fait partie de la collection japonaise de la Hollande. Nous devons la communication de ce fragment à notre savant ami M. J. Hoffmann, de Leyden, qui a bien voulu nous l'adresser comme spécimen de cet ouvrage :

故　見　乎　乎　也　巽　教　之　天
　　　其　其　是　離　道　謂　命
君　乎　所　所　故　也　也　道　之
子　隱　　　君　　　者　　　謂
愼　　　不　不　子　可　不　修　性
其　莫　聞　睹　戒　離　可　道　率
獨　顯　　　恐　愼　非　須　之　性
　　乎　莫　懼　　　道　　　謂

TRANSCRIPTION DE LA VERSION JAPONAISE. *Ten no mei kore wo sei to i'u; sei ni sitagò kore wo mitsi to i'u; mitsi wo wosamuru kore wo wosiye to i'u.*

Mitsi va syu-yu mo fanaru-bekarazu; fanaru beki va mitsi ni arazu; kono yuye ni kun-si sono mizaru tokoro wo kai-sin site; sono kikazaru tokoro-wo kyō kusu.

Kakure taru yori aravaruru-va nasi; sukosiki naru yori akiraka naru va nasi; karuga yuye ni kun-si-va sono fitori wo tsutsusimu.

TRADUCTION LATINE LITTÉRALE. 1. Cœli mandatum, hoc *natura* dicitur ; naturæ conformare se, hoc *via* dicitur ; viam moderari, hoc *doctrina* dicitur.

2. Via, non licitum est [ab eâ] discedere uno momento. Si licitum esset [ab eâ]

discedere, via non esset. Ideò sapiens in iis quæ nondum videt invigilat; timet ea quæ nondum audivit.

3. Præ abscondito, evidens nihil est; præ subtili, clarum nihil est. Ideò sapiens τῷ ipsius soli (i. e. suæ conscientiæ) invigilat (1).

TRADUCTION FRANÇAISE. 1. Le mandat du ciel s'appelle *nature;* se conformer à la nature s'appelle *voie;* régler la voie s'appelle *instruction.*

2. La voie est telle, que l'on ne peut pas s'en écarter un seul instant; s'il était possible de s'en écarter même un moment, ce ne serait plus la voie. C'est pourquoi le sage veille sur ce qu'il ne voit pas ; il craint et frémit là où il n'entend pas.

3. Rien n'est plus manifeste pour lui que les choses cachées; rien n'est plus clair pour lui que les choses subtiles. C'est pourquoi le sage veille sur sa conscience avec un sentiment de crainte (2).

Le texte original du passage du *Tchŏng-yŏng* que nous venons de donner est

---

(1) On ne comparera assurément pas sans intérêt avec la traduction japonaise de ce fragment, la version mandchou du même morceau. Cette dernière est extraite de l'édition impériale *Yú-tchi fan-yĭ ssé-chŏ.* (Bibl. imp., fonds chinois, n° **915.**)

Abka-i khesebŏkhengge-be, banin sembi ; banin
ciel-du   donné-le,   nature se dit; nature
be dakharangge - be,   doro sembi ;   doro-be
la   suivre - le,   voie se dit ;   voie - la

touwantsikhiyarangge-be, tatsikhiyan sembi.
modérer -   le,   doctrine se dit.

Doro serengge-be, madsige andande   seme
voie disant - le,   un peu moment-dans même
aldchatsi odchorakŏ : aldchatsi   otsi ,   doro
s'éloigner pas-possible : s'éloigner si l'on peut, voie
waka ; tŏttŏ otsi ambasa saïsa, ini sabŏrakŏ
pas ; ainsi étant les grands sages, leur voir-pas
de targame   olkhochombi;   ini
dans veillant craignent-respectueusement; leur
dontsirakŏ   de geleme   golombi.
entendre-non dans craignant craignent.

Somiskhŏntsi iletoungge akŏ; narkhŏntsi
du caché-près   clair   pas; du subtil-près
getoukengge akŏ : tŏttŏ   otsi   ambasa saïsa
évident   pas : ainsi étant les grands sages
emkhŏn - de   olkhochombi.
seul (conscience)-dans craignent-avec-respect.

(2) Le texte chinois, si l'on ne considère que la valeur propre à chaque mot, ne donne littéralement que : « Ciel mandat cela appeler nature. Suivre nature cela appeler voie. Régler voie cela appeler doctrine. Voie *particule-explétive* ce-qui-est pas pouvoir poil moment écarter *particule finale;* pouvoir écarter pas voie *particule finale.* Cette cause sage ° garder-veiller sur lui ce-que pas voir ; craindre appréhender sur lui ce-que pas entendre. Pas voir que caché : pas manifeste que petit. C'est-pourquoi sage ° veille son seul.»

malheureusement (au dire des Chinois eux-mêmes) généralement assez obscur, et, pour le bien comprendre, il eût été nécessaire d'y joindre un long commentaire qui aurait paru, sans doute, déplacé dans cette Introduction. Nous aurions assurément choisi de préférence un autre extrait des 四 書 *Ssé-chŏ* (les quatre livres philo-sophiques de Confucius et de son école), si nous en avions eu plusieurs à notre disposition. Mais ce défaut, nous l'espérons, sera bientôt réparé par la publication totale de la version japonaise du célèbre ouvrage cité ci-dessus, que nous fait espérer notre savant ami, M. J. Hoffmann, de Leyden. Si toutefois, malgré sa nature amphibologique, le morceau que nous avons reproduit avec plusieurs tra-ductions, atteint le but que nous nous sommes proposé en l'insérant, nous pourrons ultérieurement donner toutes les explications qui seront susceptibles d'en élucider le sens et de fixer la valeur réelle que l'on y doit attacher à chaque mot.

Dans la plus grande partie de leurs éditions de livres chinois, les Japonais ne mettent point la version interlinéaire tout entière, mais seulement les parties les plus essentielles. Celles-ci comprennent les désinences ou syllabes finales des sub-stantifs, des verbes, et autres espèces de mots. Ils ajoutent en outre, à gauche des caractères, les signes de construction destinés à indiquer la transformation phraséologique japonaise de la phrase chinoise.

Par exemple, dans les éditions qui nous occupent à présent, au lieu d'écrire, comme dans le fragment que nous venons de donner du *Tchŏng-yŏng,* avec une traduction japonaise complète et juxtalinéaire, 天命 *ten-no mei* en toutes lettres, on se contenterait d'indiquer, en japonais, le seul caractère ノ *no,* pour テンノ *ten-no* (cœl-i), comme il suit : 天命 ノ, ce qui suffit pour rappeler immédiatement que le premier caractère est le génitif ou l'adjectif (Cf. § I et II) qualifiant le second signe.

Les syllabes japonaises ニ *ni,* ヲ *wo,* affixées seules aux caractères 性 ニ, 道 ヲ du même texte, suffiraient pour indiquer que le premier est au datif et doit être lu *sei-ni* (natur-æ), tandis que le second est à l'accusatif et doit se lire *mitsi-wo* (vi–am).

Les autres désinences de la déclinaison ou de la conjugaison, et même celles des autres espèces de mots, seraient indiquées de la même manière dans ces sortes d'annotations japonaises qui, au lieu de donner une explication complète des textes chinois auxquels on les joint, expriment seulement les flexions et les rôles grammaticaux des mots, sans en mentionner les racines (1).

LITTÉRATURE SINICO-JAPONAISE.

Dans ce genre de littérature, les caractères chinois n'ont point uniquement une valeur figurative; ils sont en plus des éléments de mots purement japonais. Aussi est-ce par l'énoncé de ces mêmes mots japonais, et non par le son qu'ils auraient en chinois, qu'ils doivent être prononcés à la lecture.

Les radicaux des substantifs, des verbes et d'autres espèces de mots japonais, y sont représentés par des signes chinois qui ont la même valeur. Les caractères syllabiques qui y sont joints servent à indiquer les variations de la déclinaison et de la conjugaison, et à compléter le sens des phrases; quelquefois aussi, juxta-posés aux groupes chinois, ils servent à éclaircir leur signification et à définir leur valeur japonaise. Du reste, le fragment de texte extrait d'un ouvrage sinico-japonais que nous avons inséré plus loin à titre d'exemple, donnera une idée plus précise de ces sortes de livres, que nous ne pourrions le faire en peu de lignes.

Le sinico-japonais est fréquemment employé dans les ouvrages historiques, dans quelques descriptions géographiques et dans différents traités d'histoire naturelle.

Parmi les livres historiques japonais, un des plus connus en Europe porte le titre de 日本王代一覽 *Nippon-wǫ dai itsi ran,* c'est-à-dire Coup d'œil sur les dynasties des empereurs du Japon (2). Il a été rédigé par le moine bouddhiste 春齋林恕 *Syǝn zai rin zyǝ,* et renferme un aperçu chronologique depuis *Sin-mǝ Ten-wǫ* (3), premier dairi, jusqu'au 108e, *Go-yǫ-zei In* (4).

---

(1) On trouvera un extrait du *Wa-kan san-sai dzǝ-ye,* imprimé de la sorte et accompagné d'une transcription en caractères romains, dans le *Buddha-Pantheon von Nippon* de M. J. Hoff-mann, pag. 163.

(2) Publié en français sous le titre de : *Nipon o dai itsi ran,* ou Annales des empereurs du Japon, traduites par M. Isaac Titsingh, avec l'aide de plusieurs interprètes attachés au comptoir hollandais de Nangazaki; ouvrage revu, complété et corrigé sur l'original japonais-chinois, accompa-

gné de notes et précédé d'un aperçu de l'histoire mythologique du Japon, par M. J. Klaproth. *Paris, print. for the orient. transl. fund,* 1834, in-4°. Cette traduction est loin d'être à l'abri de la critique. M. J. Hoffmann la caractérise ainsi : « Was die des ersten (Nippon wǒ dai itsi ran) angeht, weichen mehr, als zwei Drittel des Buches von Sinne des Originals ab. » *Nippon, Archiv zur Beschr.,* etc. VII, p. 88.

(3) Règne de 660 à 585 avant notre ère.

(4) Règne de 1587 à 1611 de notre ère.

Voici à titre de spécimen un fragment de cet ouvrage, comprenant le règne du 5e daïri *Kō-seô Ten-wô*, qui commença en 475 et finit en 393 (avant notre ère).

孝照天皇　懿德ノ太子
ナリ。御母ハ天豊津媛トイ
フ安寧ノ孫息石耳命ノ娘
ナリ　此時都ヲ大和ノ掖
上ニ遷ス。池心ノ宮ニマシマス。
出石心命。瀛津世襲命。政
ヲ行フ。在位八十三年ニシ
テ崩ス。年百十四。

Kō-SEô TEN-Wô (A) *i-tok-no dai-si* (B) *nari; gyo* (C) *fafa-va; ama-toyo-tsɤ-fime to i'ɤ* (D); *an-nei-no mako iki-ɤi-mimi-no mikoto-no* (E) *mɤɤme nari.*

Kono toki myako-wo (F) *yamato-no* (G) *waki-no kami-ni ɤtsɤsi* (H); *ike-zi-no miya-ni masi-masɤ* (I); *de-ɤzino mikoto woki-tsɤ-yo-sono mikoto matsɤrigoto-wo wokonô. Zai-i* (K) *fats-zyɤ-san nen-ni site fō-sɤ* (L); *nen fak-zyɤ-zi.*

(A) *Ten-wō* (ch. *t'iēn-hoâng*), littéralement « l'auguste », titre que portèrent tous les daïri ou mikado, empereurs du Japon revêtus tout à la fois du pouvoir sacré et temporel, depuis Sin-mou, le premier d'entre eux, jusqu'au 63e, Rei-zin, qui joignit à son nom le titre de *in* (院 ィン). La plupart de ses successeurs suivirent son exemple.

(B) *Dai-si*, mot à mot « grand-fils ».

(c) *Gyo*, particule honorifique. Voy. p. 42, *n*.

(D) *I'ɤ* (*iɤ*), que représente dans l'écriture idéographique 云 フ « dire », doit se rendre ici par « s'appeler ».

(E) *Mikoto* (尊 ミコト). Dans la haute antiquité, c'était un nom par lequel on désignait l'empereur. Dans la suite, on a remplacé cette expression par

皇 クヮウ *kwô. Syo-gen-zi kō*, éd. lith., p. 173, 15.

(F) *Myako* « la capitale ». C'est, comme l'on sait, par ce mot que l'on désigne encore aujourd'hui la résidence des daïri, qui est bien, aux yeux mêmes des insulaires, la capitale de leur pays, quoique Yédo, où habite le *Seô-gɤn*, général en chef et au fond souverain des Japonais, soit en réalité plus importante que celle-ci.

(G) *Yamato*, nom d'une province située au sud de l'île du Nippon.

(H) *ɤtsɤsi*, de ウツス *ɤtsɤsɤ* « changer, transporter d'un lieu dans un autre ».

(I) *Masi-masɤ* « siéger, demeurer, s'établir »: en caractères idéographiques, 踞坐

(κ) *Zai i* (ch. *tsáy wéy*) « être sur le trône ».   citur de imperatore moriente, seu de illius morte.»

(ʟ) *Fŏ* (ch. *pŏng*), expression employée pour   P. Basile de Glémona, *Dict. sin.-lat.*

désigner la mort, en parlant des souverains. « Di-

TRADUCTION FRANÇAISE.

Kō-seó Ten-wō était prince héréditaire (du trône) d'*I-tok* (son père). Sa mère, appelée *Ama-toyó-tsŏ-fime,* était la petite-fille d'*An-nei* et fille d'*Iki-si-mimi-no Mikoto.*

A cette époque, la capitale fut transportée à Waki-no kami, dans la province de Yamato. Il s'établit dans le palais d'Ike-zi. De-isizi-no mikoto et Oki-tsou-yo-so-no Mikoto furent chargés du gouvernement. Après avoir été sur le trône quatre-vingt-trois années, il mourut âgé de cent quatorze ans.

VI.

DES LIVRES JAPONAIS.

Les Japonais disposent leurs livres en sens contraire des nôtres, c'est-à-dire que leur première page serait la dernière dans les ouvrages européens. Leurs pages, au lieu d'être, comme chez nous, pliées au dos du livre et rognées à l'extrémité latérale de la marge, sont, au contraire, pliées du côté de la tranche et rognées du côté du dos. Elles forment ainsi, chacune, un paravent de deux feuilles et ne sont imprimées que d'un seul côté (1). Elles sont reliées ensemble par cahiers plus ou moins gros (2), au moyen d'un fil de soie que l'on pique à l'extrémité opposée de la pliure, de telle façon que le côté non imprimé se trouve renfermé et caché dans les plis opérés à chaque page. Les ouvrages bouddhiques diffèrent des précédents en ce qu'ils sont assez souvent imprimés sur de longues bandes pliées égale-

---

(1) Voyez le fac-simile d'une page japonaise que nous avons intercalé ci-contre.

(2) Ces volumes ou cahiers japonais sont ordinairement désignés par le mot 本 ホン *fon*, et renferment assez souvent plusieurs 卷 クン *ken*

« livre ». Les *ken* se divisent quelquefois en 章 チャウ *tsyō* « chapitre », puis se subdivisent encore en 節 セツ *sets* « paragraphe' ».

ment en paravent, mais que l'on n'a pas l'habitude de rogner latéralement, ni de coudre comme les autres livres japonais.

A l'endroit de la pliure des pages se trouve ordinairement indiqué, dans la partie supérieure, le titre de l'ouvrage (titre courant); puis, un peu plus bas, lorsque l'ouvrage comprend plusieurs parties distinctes, le titre ou le numéro d'ordre de chacune de ces divisions en leur lieu respectif; enfin, dans la partie inférieure, le numéro de pagination, qui ne change point pour le recto et le verso d'une même page, ou mieux, d'une double feuille de paravent. Quelquefois aussi la pagination des livres japonais est indiquée dans la marge intérieure du livre, sur le bord de l'encadrement de la justification.

Les livres japonais sont quelquefois précédés d'un frontispice imprimé en noir ou en couleur, et au milieu duquel se trouve en gros caractères le titre de l'ouvrage, puis latéralement les noms de l'auteur ou de l'éditeur, la date, le lieu d'impression, etc. (1). Mais très-souvent aussi ils en sont dépourvus, et les renseignements qui y trouveraient place, s'il existait, sont rejetés à la fin de l'ouvrage, où ils suivent assez souvent une postface.

Les Japonais apportent une grande variété dans le choix des caractères destinés à former le titre principal des frontispices de leurs livres : le plus souvent ce sont des caractères chinois droits ou cursifs, dans la forme classique ou abrégée (ts'áo), et qui représentent des mots particuliers à leur propre langue, parfois transcrits latéralement au moyen des signes de l'écriture syllabique ; d'autres fois ils usent d'un mélange de signes idéographiques et de caractères kata-kana ou fira-kana, ou, enfin, d'un seul de ces deux derniers caractères. Voici des exemples de divers genres de titres, avec leur explication :

7	6	5	4	3	2	1
そうりろはてりん	京都めぐり	イロハ天理鈔	道中鑑	日本書記	平家物語	太平記

---

(1) Voyez le frontispice que nous avons mis en tête de cette Introduction comme spécimen des titres des ouvrages japonais.

Ces différents titres doivent se lire de la manière suivante :

1. *Dai-fei ki*, Histoire de la paix [rétablie].
2. *Fei-ke mono-gatari*, Récit des faits relatifs à la famille princière des *Fei-ke*.
3. *Yamato fʒmi*, Le livre (des annales) du Japon.
4. *Dŏ tsiʒ kagami*, Miroir [pour ceux qui sont] dans les routes (Guide du voyageur).

5. *Irofa ten-ri seŏ*, Copie (du livre) sur la nature de l'irofa (syllabaire).
6. *Kyō-to megʒri*, Promenades autour de la capitale (Myako).
7. *Sitsi irofa tefon*, Manuel des sept syllabaires (*i-ro-fa*) japonais.

Les noms d'auteur sont généralement écrits en caractères chinois : les uns figurent des mots propres à la langue japonaise, et c'est alors par l'énoncé de ces mêmes mots japonais qu'ils doivent être prononcés à la lecture ; les autres représentent des noms chinois qui ont le son qu'on leur donne habituellement dans le dialecte sinico-japonais.

Les dates se marquent ordinairement, dans les livres japonais, à l'aide des noms d'années (*nen-gō*) donnés par les souverains japonais aux années de leur règne, puis enfin par les deux caractères cycliques de l'ère sexagénaire. A la fin de leurs préfaces, les auteurs indiquent de la même manière l'époque où ils ont écrit, en y précisant parfois le mois, et même le jour. Voici quelques exemples de dates, avec leur explication :

安永二年癸巳之春二月 — La deuxième année de la période ou du nengo *An - yei* (1773) (la trentième année du LXXIVe cycle sexagénaire), au printemps, le troisième mois.

明和二年乙酉秋八月 — La deuxième année de la période ou du nengo *Mei - wa* (1765) (la vingt-deuxième du LXXIVe cycle sexagénaire), en automne, le huitième mois.

貞永元年八月十日 — Le dixième jour du huitième mois de la première année de la période ou du nengo *Tei - yei* (1232).

Le lieu d'impression de l'ouvrage, de même que la liste des villes où il se trouve déposé, ordinairement indiqué à la fin des livres, est écrit en caractères chinois droits ou cursifs qui représentent des noms géographiques purement japonais, et qu'il faut lire, par exemple, comme :

江戸 Yédo. 京都 Myako. 大坂 Osaka. 長崎 Nagasaki.

Les Japonais ont coutume de mettre, comme nous, une ou plusieurs préfaces en tête de leurs ouvrages. Les unes sont écrites dans un caractère ts'ao extrêmement cursif, et qui, par conséquent, présente des difficultés réelles à la lecture ; d'autres sont reproduites avec le concours de l'écriture syllabique de la manière communément usitée pour l'impression des livres, au Japon. A la fin des préfaces se trouve la date et quelquefois le lieu de leur rédaction, enfin la signature et les sceaux de leurs auteurs ordinairement en caractères chinois antiques.

On trouve aussi quelquefois des postfaces à la fin des livres ; elles sont écrites d'une manière analogue à celle des préfaces.

Dans les publications d'une certaine étendue, susceptibles d'être divisées en sections, on trouve, après les préfaces, un index des chapitres (1) ou une table des matières contenues dans l'ouvrage. Cet index est placé en entier au commencement du premier volume, ou bien il est divisé par portions et mis ainsi en tête de chaque cahier pour indiquer ce qu'il renferme.

Les pages des livres japonais, comme nous l'avons dit plus haut, se composent de lignes verticales qui se rangent les unes après les autres, en allant de droite à gauche. Elles sont très-rarement interrompues par des alinéas.

Dans les ouvrages de littérature, par exemple dans les romans, qui sont très-souvent ornés de dessins intercalés partie dans le texte, partie en tête de l'ouvrage et accompagnés d'explications plus ou moins longues, on juge quelquefois utile de signaler le commencement du récit par un avertissement inséré dans une sorte de cartouche, de la manière suivante : *yomi-fazime*, commencement de la lecture ; *fottan*, commencement (2).

On trouve également ces sortes de rectangles qui remplacent nos crochets [ ], répétés au commencement du verso et à la fin du recto de chacune des pages du

(1) 目錄 *mok-rok.* | (2) En chinois, 發端。

texte, et renfermant des mots destinés à avertir de la continuation, comme [圖] *tsʊdzʊki* pour indiquer la suite, et [圖] *tsʊgiye* dans le même sens que notre locution française « à suivre ».

Lorsque le texte d'une même page est divisé en plusieurs fragments par suite de dessins ou d'ornements qu'on y a intercalés et qui en rompent dès lors la continuité, on a recours, pour relier les parties séparées, à quelques signes de renvoi (tels que ● △ ▲ X X ▲ ▢, etc.), que l'on place à la fin des passages partagés et au commencement de la suite qui en est quelque peu éloignée. Ces signes se placent également à la fin des verso comme signe de réunion avec le commencement des recto, où on les trouve également reproduits.

Quant à la ponctuation des livres japonais, elle consiste généralement dans un simple cercle blanc ou noir (○, ●) qui équivaut, sauf quelques restrictions, à notre point. On trouve aussi la virgule (﹐), qui a souvent le même usage que le cercle.

Le genre de caractères usité dans les livres japonais imprimés est très-variable. Dans les ouvrages publiés en chinois, ils sont quelquefois de forme carrée et régulière (ch. *kiày-chʊ̆*), ou de celle qui est propre à l'écriture courante (ch. *hĭng-chʊ̆*); tantôt ils sont de cette forme abrégée et extrêmement cursive que nous avons déjà mentionnée plusieurs fois (ch. *ts'ào-chʊ̆*), et qui est susceptible de prendre les aspects les plus divers. Dans les livres imprimés en caractères japonais, lesquels sont, du reste, généralement mêlés d'un nombre plus ou moins considérable de signes idéographiques, on remarque également de la variété dans le tracé des lettres syllabiques. Aussi le déchiffrement de la partie graphique des textes est-elle une des plus grandes difficultés qui se présentent tout d'abord à ceux qui s'occupent de l'étude des livres japonais, et ce n'est qu'après une pratique longue et persévérante que l'on peut espérer de les lire couramment.

VII.

EXERCICE DE LECTURE.

KATA-KANA.

アメ ツチ ハ クロク キ ナリ。 オホ ゾラ ハ
オホ イニ ヒロシ。 ヒカリ ハ ミチ カクル。 ホシ ノ
ヤドリ ハ ツラナリ ハレリ。 サムサ キ タレバ
アツサ ユク。 アキ ヲサメ フユ カクス。
ウルフツキ ノ アマリ ハ トシ ヲ ナス。 フエ ハ
ヒヲ ト、ノフ。 クモ ノボツテ アメヲ
イタス。 ツユ ムスンデ シモ ト ナル。

FIRA-KANA.

あめつちハくろくきなり。そらぞらハ
おほいにひろし。ひかりハみちかくる。ほしの
やどりハつらなりはれり。さむさきたれば
あつさゆく。あきをさめふゆかくす。
うるふつきのあまりハとしをなす。ふえハ
ひをとのふ。くものぼつてあめを
いたす。つゆむすんでしもとなる。

TRANSCRIPTION EN CARACTÈRES EUROPÉENS.

Ame tsɤtsi-va kɤrokɤ ki nari; oo zora-va ofoi-ni firosi; fikari-va mitsi kakɤrɤ; fosi-no yadori-va tsɤranari fareri; samɤsa ki tareba atsɤsa yɤkɤ; aki wosame, fɤyɤ kakɤsɤ; ɤrɤfɤtsɤki-no amari-va tosi-wo nasɤ; fɤye-va fi-wo totonofɤ; kɤmo nobotsɤte (nobotte) ame-wo itasɤ; tsɤyɤ mɤsɤnde simo to narɤ;

コガ子ハ　カハヨリ　ナル。　タマハ　ヤマヨリ　イジ。
ツルギハオホ井ニカゲトナヅク。タマハヨルヒカルト
ナヅク。　クダモノ、メヅラシキハ　スモ、カラモ、
ナノタツトキハ　カラシ　ハヂカミ。ウ三ハツキハユカ カハ、
アハジ。ウロコアルハヒツミハ子アルハカケル。タツノ
ツカサヒノ三カト。トリノウカサ　ヒトノスベラギ。
ハジメテ　フミヲ　ツクリ。スナハチ　コロモヲ　キル。

*kogane-va kava-yori narʊ; tama-va yama-yori idzʊ; tsʊrʊgiva ofoi-ni kakʊ to
nadzʊkʊ; tama-va yorʊ fikarʊ to nadzʊkʊ; kʊdamono-no medzʊrasiki-va sʊmomo
karamomo; na-no tatsʊ toki va karasi fazikami; ʊmi-va sivovayʊkʊ kava-va
avasi; ʊroko arʊ-va fisomi fane arʊ-va kakerʊ; tatsʊ-no tsʊkasa fi no mikado; tori-
no tsʊkasa, fito-no sʊberagi; fazimete fʊmi-wo tsʊkʊri; sʊnavatsi koromo-wo kirʊ.*

Extrait du *Sen-zi-mon* (1).

(1) C'est la version japonaise d'un ouvrage chinois intitulé 千字文 *tsien-tse-wen* « Le Livre des mille caractères », qui, dit-on, a été composé en une seule nuit par le lettré *Tcheou-hing-sse*, dont les cheveux blanchirent aussitôt après la rédaction rapide de cet ouvrage. Le *Tsien-tse-wen* fut introduit au Japon sous le règne du XVIe daïri *Wō-zin ten-wō* (de 270 à 312). M. J. Hoffmann a publié une traduction allemande de ce livre, sous le titre de *Buch von tausend Wörtern*. Leyde, 1840.

SECOND EXERCICE DE LECTURE.

TEN - DZI - TEN - WŌ

aki no ta no
kari fo no
ivo no
toma wo
arami
waga koromo de va
tsɤyɤ ni nɤre tsɤtsɤ.

En automne, on fait la moisson dans les champs.
La natte qui couvre ma cabane
est à claire-voie.
Mon vêtement est mouillé par la rosée.

Le daïri Ten-dzi-ten-wô.

(Extrait du *Fak-zin itsi zyɤ*, Recueil de pièces de Cent poëtes du Japon.)

TABLE DES PRINCIPALES FORME

CLEFS CHINOISES.

TSÁO OU CURSIVE.

Léon de Rosny sc. Maison Duverger. Libraire Éditeur Impr. Callet.

Qu'on nous permette de présenter d'abord quelques courtes observations pour l'étude des caractères *ts'aò* en général, et pour l'usage de notre tableau des clefs chinoises en particulier. Dans les caractères cursifs ou *ts'aò*, tels qu'on les emploie au Japon, souvent les clefs ne sont pas séparées des groupes additionnels avec lesquels elles se combinent, mais, au contraire, elles leur sont unies par des ligatures,

comme dans [caractère cursif] (ch. c. 呀), composé de la 30e clef et d'un groupe additionnel de quatre traits (clef 68); ou [caractère cursif] (ch. c. 政), à la 66e clef avec quatre traits. Souvent aussi, il est vrai, la clef est suffisamment détachée de la partie phonétique pour qu'on puisse la reconnaître sans une grande habitude, comme dans le caractère [caractère cursif] (ch. c. 何), où l'on distingue clairement à gauche la 9e clef, du groupe de cinq traits 可 placé à droite. Néanmoins, en étudiant l'écriture *ts'aò*, il ne faudra pas se fier aux formes distinctes de certains caractères qui, dans quelques passages, sont dénués de ligatures entre leurs divers éléments constitutifs; car ces mêmes signes seront, dans d'autres endroits, composés d'éléments complètement liés, et qui, par conséquent, ne seraient plus reconnaissables, si l'on ignorait les variations graphiques admises en *ts'aò*.

Dans le tableau des clefs cursives que nous avons fait lithographier (Pl. I), nous avons généralement préféré donner les clefs dans le tracé qu'elles acquièrent le plus communément en se combinant avec des groupes additionnels pour former l'immense série des caractères composés, plutôt que de les reproduire isolément, c'est-à-dire dans la forme la moins souvent employée dans les livres, et dans laquelle elles sont le moins difficiles à reconnaître.

Il est certains signes dont la clef ne se distingue pas facilement dans l'ensemble des traits qui les composent, lors même qu'ils sont tracés dans l'écriture carrée d'impression : dans l'écriture cursive, d'autant plus, il ne faut point songer à trouver la clef au milieu de traits indécis dont on ne comprend la valeur que par leur position et leurs dimensions relatives. Dès lors, le plus court (quelque long que ce soit) est assurément d'apprendre en particulier chacun des caractères usités fréquemment dans les textes. Si, d'une part, on reconnaît encore la clef **17** de

notre tableau dans le caractère *ts'aȯ* 出 (ch. c. 出), par exemple, d'autre

part, on peut difficilement deviner que le signe ふ dépend de la **1ʳᵉ** clef et

n'est autre chose que le tracé cursif de 不. Il en est de même de presque tous
les caractères qui dépendent des premiers radicaux, et de quelques autres que nous
n'avons point reproduits, pour cette raison, sur notre planche lithographiée.

Je terminerai en rappelant que chaque caractère chinois, en revêtant la forme
tsa'ȯ, est susceptible de produire une quantité de variantes dont il est à peu près
impossible de définir les bornes, mais qui ne sont pas cependant tellement différentes entre elles, qu'un œil exercé ne puisse se les rendre intelligibles.

華 字 部 倭 西 譯。

RADICAUX DE 1 TRAIT.

1 一 イチ ITSI †.

2 丨 コン KON †.

3 丶 シュ SYȮ †.

4 ノ ベツ BETS †.

5 乙 イツ ITS †.

6 亅 ケツ KETS †.

2 TRAITS.

7 二 ニ ZI, NI †.

8 亠 トウ TȮ †.

9 人 ジン ZIN, NIN △. Tr. ヒ ト *fito*, l'homme.

10 亻 ジン ZIN. Tr. ヒ ト *fito*, l'homme.

11 儿 ニウ ZI'Ȯ, NI'Ȯ †.

12 八 ハチ FATS, FATS'. Tr. ヤ ツ *yats'*, huit.

13 冂 ケイ KEI ☾. Tr. マ キ *maki*, champs, pâturages.

14 冖 ベキ BEKI †.

15 冫 ヒョウ FYȮ. Tr. コ ホ リ *kovori*, glace.

16 几 キ KI †.

17 凵 カン KAN. Tr. ク チ ハ ル *kȯtsifarȯ*.

18 刀 トウ TȮ, TEȮ △. Tr. カ タ ナ キ ル *katana, kirȯ*, couteau, glaive; couper.

19 力 リョク RYOK, RIKI. Tr. チ カ ラ ツ ヨ シ *tsikara, tsȯyosi*, force, robuste.

20 勹 ホウ FȮ †.

21 匕 ヒ FI. Tr. サ シ *sasi*, cuiller.

22 匚 ホウ FȮ ☾.

23 匸 タイ TAI † ☾.

24 十 ジフ SI'Ȯ, ZI'Ȯ. Tr. ト ヲ *towo*, dix.

25 卜 ホク FOK †.

26 セツ SETS. Tr. レ ル レ *sirɤsi*, sceau.

27 ガン GAN † C.

28 ボウ SI, BŌ. Tr. カ タ マ レ *katamasi*, vicieux, pervers.

29 ウ IŌ, Ŏ. Tr. テ マ タ *te, mata*, la main, et.

3 TRAITS.

30 KŌ, KŎ △. Tr. ク チ アナ *kɤtsi, ana*, bouche, antre.

31 YI C. Tr. メ グ リ カ コ ム *megɤri, kakomɤ*, enclos; environner.

32 TO △. Tr. ツ チ *tsɤtsi*, la terre.

33 SI †.

34 FAN †.

35 SŜI †.

36 SEKI. Tr. ユ フ ベ グ レ *yʻɤbe, kɤre*, le soir, crépuscule.

37 TAI, TA. Tr. オ ホ ヒ ナ リ *o'o'inari*, grandeur, qui est grand.

38 DZYO, NYO △. Tr. ヲ ン ナ ツ マ *wonna, tsɤma*, femme, épouse.

39 SI. Tr. チ コ コ ヲ ノ コ *dziko, ko, onoko*, enfant, fils, mâle.

40 FEN, MEN. Tr. カ サ 子 フ ク *kasane fɤkɤ*, couvrir.

41 SON, SɤN, le pouce.

42 SEŌ. Tr. ス ク レ ス ク ナ レ *sɤkɤsi, sɤkɤnasi*, petit, peu.

43 WŌ. Tr. カ バ マ ル *kágamarɤ*, se courber.

44 SI. Tr. ノ ブ ル *nobɤrɤ*, étendre.

45 TETS †.

46 SAN, SEN △. T. ヤ マ *yama*, montagne

47 SEN. Tr. カ ハ *kava*, rivière, cours d'eau.

48 KŌ, KŎ. Tr. ヲ カ サ タ ク ミ *tsɤ-kasa, takɤmi*, magistrat, artisan, chef; ingénieux.

49 KI, KO †.

50 KIN. Tr. カ レ ラ ツ *kasirats*, bonnet.

51 KAN. Tr. タ テ *tate*, bouclier.

52 YEŌ †.

53 GEN C. Tr. イ ハ セ *ivaya*, grotte.

54 IN C. Tr. ヒ ク *fikɤ*, conduire.

55 KYŌ. Tr. ヲ カ ム *okamɤ*, prier.

56 YOK †.

57 KIŌ, KŎ. Tr. ユ ミ *yɤmi*, arc.

58 KEI. Tr. イ ノ カ レ ラ *i-no kasira*, hure.

59 SEN, SAN. Tr. ケ ノ カ ザ リ カ ザ ル *keno kazari, kazarɤ*, ornement de cheveux, orner.

60 TEK. Tr. タ ヽ ズ ム *tatazɤmɤ*, être indéterminé.

4 TRAITS.

61 SIN △. Tr. コ ヽ ロ ム 子 *kokoro, mɤne*, le cœur, poitrine.

62 KVA. Tr. ホ コ *foko*, lance.

63 KO. Tr. ト *to*, porte.

64 SIŌ, SYŌ △. Tr. ウ デ テ *ɤde, te*, avant-bras, main.

65 SI. Tr. エ ダ *yeda*, branche.

66 FAK, FOK. Tr. ウ ツ *ɤtɤ*, battre.

67 BɤN, MON. Tr. フ ミ アヤ *fɤmi, aya*, livre, ornement.

68 斗 トウ TŎ, TO. Tr. ホシノナ。サカヅキ。 fosi-no na, sakadzŏki, nom d'une constellation; espèce de tasse.

69 斤 キン KIN. Tr. ヲノ ono, hache.

70 方 ハツ FŎ. Tr. ミチ。テダテ。カタ。クニ。 matsi, tedate, kata, kŏni, rue, considération, côté, royaume.

71 无 ブ BŎ, MŎ †.

72 日 ジツ ニツ ZITS, NITS △. Tr. ヒ fi, le soleil.

73 曰 ヱツ YETS, WATS. Tr. イフ。イハク。i'ŏ, ifak, dire.

74 月 ゲツ GETS, GŎATS. Tr. ツキ tsŏki, lune, mois.

75 木 ボク BOK, MOK △. Tr. キ ki, arbre.

76 欠 ケン KEN. Tr. ア クヒ akŏbi, bâillement.

77 止 レ SI. Tr. ヤム。トドマル。yamŏ, todomarŏ, s'arrêter, demeurer.

78 歹 ガツ GATS.

79 殳 シエ SYŎ. Tr. ツヘ tsŏye, bâton.

80 毋 ブ BŎ, MŎ. Tr. ナカレ。ナシ。nakare, nasi, ne pas, pas.

81 比 ヒ HI, FITS. Tr. タクラブ takŏrabŏ, comparer.

82 毛 バツ BŎ, MŎ. Tr. ケ ke, cheveu.

83 氏 SI †.

84 气 キツ KITS. Tr. モトムル motomŏrŏ, demander. Prononcé キ KI, アタフル atayŏrŏ, donner.

85 水 スイ SŎI △. Tr. ミヅ midzŏ, l'eau.

86 火 クハ KVA △. Tr. ヒ fi, le feu.

87 爪 サウ SŎ. Tr. ツメ tsŏme, ongles.

88 父 フ FŎ. Tr. チ tsitsi, père.

89 爻 カウ KŎ. Tr. ナラフ narŏ, imiter.

90 爿 ハン FAN, SYŎ †.

91 片 ヘン FEN †.

92 牙 ガ GA, GE. Tr. キバ kiba, dent.

93 牛 ギウ GIŎ, GO △. Tr. ウシ ŏsi, le bœuf.

94 犬 ケン KEN △. Tr. イヌ inŏ, chien.

5 TRAITS.

95 玉 ゴク GYOK, GOK △. Tr. タマ tama, pierre précieuse.

96 玄 ケン KEN †.

97 瓜 クハ KVA. Tr. ウリ ŏri, courge.

98 瓦 グヮ GWA. Tr. カハラ kavara, tuile.

99 甘 カン KAN. Tr. アマレ。タノシム。amasi, tanŏsimŏ, doux, plaire.

100 生 セイ SEI, SYŎ. Tr. ウマル。ウム。ŏmarŏ, ŏmŏ, produire, donner naissance.

101 用 ヨウ YŎ, IŎ. Tr. モチユル motsiyŏrŏ, servir, employer.

102 田 テン TEN. Tr. ツチタ tsŏtsita, champ, terre labourable.

103 疋 ヘウ SYO. Tr. アシ asi, le pied.

104 疒 ダク DAK, SYŎ ☾△. Tr. ヤマヒ yama'i, maladie.

105 癶 ハツ FATS.

106 白 自 FAK, FYAK. Tr. レロレ。アキラカ。 sirosi, akiraka, blanc, clair.

107 皮 FI. Tr. カ ヲ kawa, peau.

108 皿 BEI, BYŏ. Tr. サ ラ sara, vase.

109 目 助 BOK, MOK △. Tr. メ。マナコ。 me, manako, œil.

110 矛 Bŏ, Mŏ †.

111 矢 SI. Tr. ヤ ya, flèche.

112 知 石 砂 SEK, SYAK △. Tr. イ シ。イ ハ。ヤマ イ シ isi, iva, yama isi, pierre, rocher.

113 示 ZI. Tr. レメス。ツグル。 simess, tsogars, instruire, annoncer.

114 内 ZYŏ, DZIŏ †.

115 禾 和 KWA △. Tr. ア ハ ava, céréales.

116 穴 KETS. Tr. アナ。ツカアナ。 ana, tsoka ana, trou dans la terre servant d'habitation, antre.

117 空 立 RIŏ. Tr. タツ。タツル。 tatso, tasoro, élever, ériger.

6 TRAITS.

118 竹 笁 TSIK △. Tr. タ ケ take, bambou.

119 米 粒 BEI, MAI. Tr. コ メ kome, riz.

120 粉 糸 紒 BEK △. Tr. イ ト。スコレ。スケ ナ レ ito, sokosi, sokonasi, soie; petit, peu.

121 缶 Fŏ, Fŏ. Tr. ホ ト ギ fotogi, auge, baquet.

122 网 罒 Bŏ, Mŏ. Tr. ア ミ ami, filet.

123 羊 Yŏ. Tr. ヒ ツ ジ fizzi, mouton.

124 羽 ŏ. Tr. ハ 子。ツ バ サ。 fane, tsobasa, plume, aile.

125 老 Rŏ. Tr. ト レ ヨ リ tosi yori, âgé, vieux.

126 而 ZI, NI. Tr. レ カ モ sikamo, et, certes; ゴ ト ク gotok, comme.

127 耒 耜 RAI. Tr. ス キ soki, houe, espèce de charrue.

128 耳 耶 ZI, NI. Tr. ミ、。ノ ミ。 mimi, nomi, oreille; particule finale.

129 聿 ITS. Tr. フ デ fode, pinceau.

130 肉 肎 ZIK, NIK △. Tr. レ ハ ム ラ sisimora, chair.

131 肥 臣 臤 SIN. Tr. ツ カ ヘ ビ ト tsokaye-bito, sujet, serviteur; サ ム ラ ヰ samora'i, mandarin.

132 自 ZI. Tr. ヨ リ yori, de, à partir de (lat. ex); ハ ナ fana, le nez; オ ノ ヅ カ ラ onodzokara, soi-même.

133 至 SI. Tr. イ タ ル itars, aller à; arriver; prononcé テ ツ TETS, ア ガ ル agars, monter.

134 臼 KIŏ. Tr. ウ ス oss, mortier.

135 舌 舐 SETS. Tr. レ タ sita, la langue.

136 舛 舟 SEN. Tr. ソ ム ク somoks, enfreindre; タ カ ブ takabs, opposer.

137 舟 舩 ZYŏ. Tr. フ 子 fone, bateau.

138 艮 KON. Tr. カ ギ ル kagirs, terminer; ト ド マ ル todomars, s'arrêter, cesser.

139 色 SYOK, SIK. Tr. イ ロ iro, couleur, volupté; イ ロ ド ル irodors, peindre.

140 艸 艹 Sŏ △. Tr. ク サ kosa, plante.

141 虍口 コ KO. Tr. トラ *tora*, tigre; ア丶 *aa*, interjection, hélas!

142 虫虹 キ KI △. Tr. ヘビ *yebi*, serpent.

143 血衃 クワツ KETS. Tr. チ *tsi*, sang.

144 行 カウ キヤウ KŌ, GYŌ ☾. Tr. ユク *yŭkŭ*, aller, promener.

145 衣袘 エ イ I, YE. Tr. コロモ *koromo*, vêtement, vêtement supérieur.

146 西覀 ア A. Tr. オホフ *ohŏ*, couvrir.

7 TRAITS.

147 見眀 ケン KEN. Tr. ミル *mirŭ*, voir.

148 角觔 カク KAK. Tr. ツノ *tsŭno*, corne; アラソフ *arasŏ*, disputer.

149 言訁 ギン ゴン ゲン GEN, GON, GIN △. Tr. コトバ *kotoba*, parole, langue; イフ *i'ŭ*, dire, parler.

150 谷谺 コク KOK. Tr. タニ *tani*, vallée.

151 豆 トウ TŌ. Tr. マメ *mame*, dolichos.

152 豕豩 レ SI. Tr. 井 *yi*, 井ノコ *inoko*, フダ *fŭda*, porc, pourceau, cochon.

153 豸豹 チ TSI. Tr. ムシ *mŭsi*, ver.

154 豸貝 バイ BAI, MAI. Tr. カヒ *kavi*, coquilles qui servaient de monnaie dans l'antiquité; タカラ *takara*, trésor.

155 赤 セキ SEK. Tr. アカイロ *aka-iro*, couleur rouge.

156 走 ソウ SŌ. Tr. ワレル *wasirŭ*, courir; サル *sarŭ*, s'en aller.

157 足跙 ソク SOK △. Tr. アシ *asi*, le pied.

158 身躬 シン SIN. Tr. ミ *mi*, le corps; ワレ *ware*, moi.

159 車軻 シヤ SYA. Tr. クルマ *kŭrŭma*, char.

160 辛 シン SIN.Tr. カラミ *karami*, acide, aigre.

161 辰 シン SIN †.

162 辵辷 チヤク TSYAK. Tr. ワシル *wasirŭ*, courir. △ ☾

163 邑邖 イフ I'ŭ. Tr. クニ サト *kŭni*, *sato*, état; village. △

164 酉酊 イウ Iŭ. Tr. ウム *ŭmŭ*, mûrir.

165 采釆 ハン FAN, FEN. Tr. ワカツ *wakatsŭ*, diviser; ケダモノハツメ *kedamono-no tsŭme*, griffe des quadrupèdes.

166 里 リ RI. Tr. サト *sato*, village.

8 TRAITS.

167 金釒 キン コン KIN, KON △. Tr. カネ *kane*, métal; キガネ *kigane*, or.

168 長 チヤウ TSYŌ. Tr. ナガシ *nagasi*, long, être long.

169 門閂 ボン モン BON, MON △ ☾. Tr. カド *kado*, porte.

170 阜阝 フウ FIŭ, Fŭ. Tr. オカ *oka*, tertre. △

171 隶 タイ TAI. Tr. オヨブ *oyobŭ*, atteindre.

172 隹唯 スヰ SŭI. Tr. ドリノヲ *dori-no wo*, queue des oiseaux.

173 雨雲 ウ 8. Tr. ア メ *ame*, pluie; ア メ フ ル *ame-fɐrɐ*, pleuvoir.

174 青 セイ シャウ SEI, ZYŌ. Tr. ア ヲ レ *awosi*, vert, être d'un vert tirant sur le bleu, ou vice-versa.

175 非 ヒ FI. Tr. ア ラ ズ *arazɐ*, n'être pas.

9 TRAITS.

176 面 メン ベン BEN, MEN. Tr. ツ ラ *tsɐra*, le visage.

177 革 カフ KAK. Tr. カ バ *kava*, cuir.

178 韋 鞘 ヰ WI. Tr. タ ガ フ *tagɐ*, opposer.

179 韭 キウ KIɃ. Tr. ニ ラ *nira*, ciboules; コ ニ ラ *konira*, ciboulettes.

180 音 韻 オン イン IN, ON. Tr. コ ヱ *koye*, son.

181 頁 頭 ゲツ KETS. Tr. カ シ ラ *kasira*, tête.

182 風 フウ ヒゥ FIɃ, FŌ. Tr. カ ゼ *kaze*, vent.

183 飛 ヒ FI. Tr. ト ブ *tobɐ*, voler.

184 食 餌 シキ ショク SYOK, ZIK. Tr. メ レ *mesi*, riz bouilli; ク ヒ モ ノ *kɐʼimono*, comestibles.

185 首 シュ SYɃ. Tr. カ レ ラ *kasira*, tête; ハ ジ メ *fazime*, principe.

186 香 カウ キャゥ KYŌ, KŌ. Tr. カ *ka*, odeur.

10 TRAITS.

187 馬 駒 バ マ BA, MA △. Tr. ム マ *mɐma*, cheval.

188 骨 髄 コツ KOTS. Tr. ボ ヲ *bone*, les os.

189 高 カウ KŌ. Tr. タ カ サ *takasa*, hauteur.

190 髮 FEÔ. Tr. ナ ガ キ カ ミ *nagaki kami*, longs cheveux.

191 鬪 トウ TŌ ☽. Tr. タ ヽ カ フ *tatakɐ*, combattre.

192 鬯 チャウ TSYŌ. Tr. ユ ブ ク ロ *yɐbɐkɐro*, étui pour renfermer un arc.

193 鬲 レキ REK †.

194 鬼 キ KI. Tr. オ ニ *oni*, démon.

11-12 TRAITS.

195 魚 鮑 コ ギョ GYO, KO △. Tr. イ ヲ。 ウ ヲ。 *iwo*, *ɐwo*, poisson.

196 鳥 鳬 テウ TEɃ △. Tr. ト リ *tori*, oiseau.

197 鹵 ロ RO. Tr. レ ホ *sivo*, sel.

198 鹿 ロク ROK. Tr. カ レ カ *kasika*, espèce de cerf.

199 麥 ミャク バク BAK, MYAK. Tr. ム ギ *mɐgi*, blé.

200 麻 バ マ BA, MA. Tr. ア サ *asa*, chanvre.

201 黃 クワウ ワウ KWŌ, WŌ. Tr. キ *ki*, jaune; イ ヲ ウ *iwɐ*, soufre.

202 黍 ショ SYO. Tr. キ ビ *kibi*, espèce de sorgho.

203 黑 黠 コク KOK. Tr. ク ロ イ ロ *kɐro iro*, couleur noire.

204 黹 チ TSI. Tr. ヌ フ *nɐfɐ*, coudre; ヌ ヒ モ ノ *nɐʼi-mono*, travaux d'aiguille.

DE 13 A 17 TRAITS.

205 黽 マウ バウ BŌ, MŌ. Tr. カ ハ ヅ *kavadzɐ*, grenouille.

206 鼎 チャウ テイ TEI, TSYO †.

207 ッ 鼓 コ KO, Kŏ. Tr. ヅ ゞ ᷦ *tsŏdzŏmi*, tambour.

208 鼠 ッ so. Tr. ヂ ヅ ᷦ *nedzŏmi*, rat.

209 鼻 ビ BI. Tr. ハ ナ *fana*, le nez; ハ ᷦ メ *fasime*, le commencement, le principe.

240 齊 セ イ SEI. Tr. ト 丶 ノ ホ ル *totonoforŏ*, arranger.

211 齒 シ SI. Tr. ハ *fa*, les dents; ヅ ラ ヌ ル *tsŏranŏrŏ*, coordonner.

212 リ ウ 龍 リ ヨ ウ RYŌ, RIŏ. Tr. タ ツ *tatsŏ*, dragon.

213 龜 キ KI. Tr. カ メ *kame*, tortue.

214 龠 ヤ ク YAK. Tr. フ エ *fŏye*, flûte.

INDEX

DES CARACTÈRES CHINOIS CONTENUS DANS CETTE INTRODUCTION.

余 *yo*, moi, pronom personnel de la 1ʳᵉ pers., § III, 64.

位 *yi*, trône, siége, rang, dignité.

但 *tan*, mais, § VII, 167.

佐 *sa*, aider, secourir.

你 *zi*, toi, pronom personnel de la 2ᵉ pers., § III, 65.

⁶使 *si*, envoyer, p. 32, *n.*

併 *fei*, avec, ensemble, § VII, 166.

來 *rai*, venir.

⁷得 *NGAY*, caractère annamique signifiant : lui, elle.

便 *ben*, alors, ainsi, § VII, 169.

保 *fŏ*, protéger, garantir.

⁸偹 *tŏ*, si, § VII, 168.

倍 *fai*, multiplier, [tant de] fois plus, § II, 54.

倭 *i*, japonais.

俱 *kŏ*, tous, ensemble.

修 *syŏ*, orner; cultiver, p. 64.

⁹偏 *fen*, pencher; partial, dépravé.

假 *ka*, emprunter, faux.

備 *bi*, munir; aider; entièrement.

₁₁働 *Tŏ*. Caractère japonais signifiant : se mouvoir, p. 11.

₁₂僧 *sŏ*, bonze, prêtre de Bouddha.

₁₃億 *yok*, cent mille, § II, 47.

儂 *dŏ*, *nŏ*, moi, pronom personnel de la 1ʳᵉ pers., § III, 64.

儿部 **10**ᵉ CLEF.

元 *gen*, premier, origine, commencement, p. 60.

兆 *teŏ*, million, § II, 47.

先 *sen*, premièrement, devant, avant, § V, 157 ; § VI, 165.

入部 **11**ᵉ CLEF.

內 *tai*, dedans, dans, § VI, 165.

兩 *ryŏ*, deux, une couple, une paire.

八部 **12**ᵉ CLEF.

六 *rik*, *rok*, six, § II, 44.

共 *kyŏ*, tous, § I, 19; ensemble, avec, § VII, 166.

其 *ki*, il, elle, celui-ci, celui-là, ce, cette, § III.

典 *ten*, règle, précepte, loi.

凵部 **17**ᵉ CLEF.

出 *syŏts*, sortir, émettre.

刀部 **18**ᵉ CLEF.

分 *bŏn*, diviser, partie, § II, 52.

別 *bets*, séparer, distinguer, autre, § III, 79.

利 *ri*, profit, avantageux.

到 *to*, arriver, atteindre, parvenir à, jusqu'à.

則 *sok*, alors, certes, aussitôt, § VII, 169.

前 *sen*, avant, auparavant, § VI, 165.

刷 *fen*, racler, ratisser, graver.

力部 **19**ᵉ CLEF.

加 *ka*, ajouter, augmenter.

動 *tŏ*, se mouvoir, remuer, agiter.

勹部 **20**ᵉ CLEF.

勿 *bŏts*, gardez-vous de, ne veuillez pas, ne pas, § V, 160.

乙部 23e CLEF.

匾 *fen*, plat (adj.) ; tablette portant une inscription.

十部 24e CLEF.

千 *sen*, mille, § II, 47.

半 *fan*, moitié, § II, 53.

卩部 26e CLEF.

卷 *ken, kwan*, un livre d'un ouvrage, *p.* 58, *n.*

ㄙ部 28e CLEF.

去 *kyo*, aller, partir, passé.

叉部 29e CLEF.

叉 *sa*, croiser les mains.

口部 30e CLEF.

²古 *ko*, antique, ancien, vieux.

只 *si*, seulement, mais, simplement, § VII, 168.

可 *ka*, pouvoir.

³同 *tō*, unir, ensemble, avec, semblable, idem.

各 *kak*, chaque, chacun, § III, 79.

名 *mei*, nom ; réputation ; fameux, célèbre.

⁴否 *fi*, négation, non.

呂 *ryo*, l'épine dorsale.

君 *kən*, chef, prince, souverain.

吾 *go*, moi, pronom personnel de la 1re pers. § III, 64.

⁵和 *kwa*, concorde, unir, ensemble, égal, paix. — Japon, Japonais.

呼 *ko*, expiration, expirer ; jeter des cris, appeler, § VIII, 170.

命 *bei*, expression de la volonté du ciel, mandat, destinée.

⁹善 *sen*, bon, beau, sage.

喺 *T'A*, caractère coréen signifiant : poule, *p.* 11.

¹⁰嗚 *wo*, interjection, § VIII, 170.

口部 31e CLEF.

四 *si*, quatre, § II, 44.

因 *in*, parce que, § VII, 169.

國 *kok*, royaume.

土部 32e CLEF.

地 *tsi*, terre, lieu.

在 *zai*, être, être dans, vivre.

坂 *fan*, le penchant d'une colline, digue.

坐 *sa*, s'asseoir, § IV, 97.

夕部 36e CLEF.

外 *kwai*, dehors, § V, 152 ; autre, § III, 79 ; hors, excepté, § VII, 165.

多 *ta*, beaucoup, multitude.

大部 37e CLEF.

天 *ten*, le ciel.

夫 *fə*, celui-ci, celui-là, § III.

太 *tai*, grand, grandement, § V, 154.

失 *sits*, perdre, se tromper, négliger ; faute.

奈 *dai, nai*, rencontrer.

女部 38e CLEF.

奴 *do*, esclave.

好 *kō*, aimer, beau, bon.

如 *zyo*, comme, § V, 155 ; si, § VII, 168.

娘 *dzyō*, jeune fille, mère.

媛 *yen*, belle femme ; nom honorifique des femmes.

子部 **39**ᵉ CLEF.

字 *zi*, caractère de l'écriture ; surnom.
孝 *kō*, piété filiale.
孟 *bō, mō*, aîné.
孫 *son*, petit-fils, petite-fille.
孰 *zyŏk*, qui? quel? lequel? laquelle? § III, 82.
學 *kak*, étudier, apprendre ; école.

宀部 **40**ᵉ CLEF.

宇 *ŏ*, la voûte céleste ; vaste.
安 *an*, paix, repos ; tranquille ; se fixer, s'établir.
定 *tei*, ferme, déterminer, certainement, § v, 159.
宮 *kiŏ*, palais.
家 *ka*, maison, demeure, famille.
寔 *syok*, vrai, vérité, vraiment, § v, 159.
寧 *dei, nei*, préférer, plutôt.

寸部 **41**ᵉ CLEF.

尊 *son*, noble, vénérable, honorer.

小部 **42**ᵉ CLEF.

少 *seŏ*, peu, court, bref.

尢部 **43**ᵉ CLEF.

尤 *iŏ*, beaucoup, davantage, extrêmement, § II, 40; § v, 154.

尸部 **44**ᵉ CLEF.

尾 *bi, mi*, queue, bout, extrémité.

山部 **46**ᵉ CLEF.

岍 *tan*, nom d'une montagne.
岳 *gak*, haute montagne.

岡 *kō*, le faîte d'une montagne.
峈 *rak*, cordillière, chaîne de montagnes.
峠 Caractère japonais servant à désigner les routes dans les montagnes, *p.* 11.
嶋 *tō*, île.
崩 *fŏ*, l'éboulement d'une montagne, tomber subitement, mourir, en parlant de l'empereur, *p.* 66.
崎 *ki*, sentier montagneux, dangereux. Il rend le mot japonais サ キ *saki*, cap.
嵇 *kei*, nom d'une montagne près de Hang-tcheou, en Chine.
崗 *fin*, nom d'un ancien état de la Chine où s'était établie la dynastie des Tcheou.
崙 *to*, nom d'une haute montagne de la province du *Chan-si*, en Chine.
嵒 *zyak, nyak*, comme, si. Syn. de 若
嵓 *keŏ, gō*, nom de montagne.

己部 **49**ᵉ CLEF.

巳 *si*, l'un des caractères cycliques.

于部 **51**ᵉ CLEF.

平 *fei*, égal, uni, paix.
年 *den, nen*, année.

幺部 **52**ᵉ CLEF.

幾 *ki*, combien? § v, 161.

广部 **53**ᵉ CLEF.

度 *to*, règle, degré, mesurer.
座 *sa*, siége, trône.
庸 *yŏ*, invariable, immuable.

弓部 **57**ᵉ CLEF.

弟 *tei, tai*, particule numérique ordinale, § II, 51.

弧 *ko*, arc.

張 *tsyō*, grand, long.

彳部 60e CLEF.

彼 *fi*, il, elle, celui-là, celle-là, § III.

待 *tai*, attendre.

後 *kō*, après, postérieurement, ensuite, § V.

御 *gyo*, *go*, empereur, impérial (Voyez p. 42, *n*.).

從 *syō*, de (anglais *from*), § I, 14 ; suivant, selon, § VI, 165.

微 *bi*, *mi*, petit, modique, méprisable, caché, subtil.

德 *tok*, vertu.

心部 61e CLEF.

5性 *syō*, *sei*, nature, le naturel.

6恐 *kyō*, craindre.

息 *syok*, respirer, interrompre, croître, produire.

恨 *kon*, haïr.

恕 *zyo*, indulgent, miséricordieux.

8惠 *kei*, bon, bienveillant, orner.

悼 *tō*, s'affliger, avoir compassion.

9愚 *gŏ*, grossier, stupide, ignorant : terme usité pour se désigner soi-même.

10慎 *sin*, veiller, examiner.

慧 *kei*, éclairé, intelligent, pénétrant.

懼 *kŏ*, craindre.

懿 *i*, beau, grand.

弋部 62e CLEF.

戒 *kai*, se garder de, se prémunir contre.

我 *ga*, moi : pron. pers. de la 1re personne.

或 *kok*, certain (latin : quidam) ; peut-être.

戶部 63e CLEF.

所 *syo*, endroit, lieu ; relatif : ce que.

扁 *fen*, inscription des portes ; petit bateau.

手部 64e CLEF.

扔 Caractère japonais figurant une interjection d'admiration ou de douleur : ah ! § VIII, 170.

扵 *yo*. Voy. 於, Cl. 70.

拙 *sets*, maladroit, sans intelligence, § V, 64.

持 *tsi*, saisir.

掉 *teô*, agiter.

揚 *yō*, monter, élever, étendre.

文部 66e CLEF.

故 *ko*, c'est pourquoi.

教 *ko*, *keô*, doctrine, enseignement, instruction.

方部 70e CLEF.

於 *yo*, à, dans, vers ; de (angl. from) ; que (angl. than).

日部 72e CLEF.

明 *mei*, *myo*, clair, brillant, splendeur ; éclairer.

春 *syŏn*, printemps.

昨 *sak*, marque du temps passé.

是 *si*, *se*, être ; ce, cette, cela.

時 *si*, temps, moment opportun.

曰部 73e CLEF.

更 *ko*, en plus, en outre, de nouveau, § VII, 169.

曾 *sŏ*, passé; marque du prétérit.

最 *sai*, beaucoup, extrêmement, surpasser, § II, 40; § V, 154.

月部 74e CLEF.

有 *iŏ*, avoir; être.

朝 *teŏ*, le matin.

木部 75e CLEF.

本 *fon*, racine, base; commencement; volume ou cahier d'un ouvrage.

末 *bats, mats*, extrémité des branches, faîte, fin.

未 *bi, mi*, pas encore.

杣 SAN. Caractère japonais désignant les montagnards qui vivent sous les arbres, *p.11*.

杜 TO. Caractère ayant au Japon le sens de : forêt, *p. 12*.

林 *rin*, forêt.

柄 *fei*, manche d'un instrument ou d'une arme.

梵 *fŏ, fan, bon*, pur, quiétude; Indien. — ｜字 *bon-zi*, caractères indiens.

梺 Caractère vulgaire japonais pour 麓 *rok*: le bas d'une montagne, *p. 11*.

梶 BI. Caractère usité par les Japonais dans le sens de : gouvernail, *p. 12*.

樣 *syŏ*, façon, manière, forme, § V, 161.

止部 77e CLEF.

此 *si*, ce, cet, ceci, celui-ci, celle-ci, § III.

武 *bŏ, mŏ*, militaire, guerrier.

毋部 80e CLEF.

姆 NA. Caractère cantonais signifiant : mère.

每 *bai, mai*, chaque, § III, 79.

水部 85e CLEF.

永 *yei*, perpétuel, éternel.

池 *tsi*, étang, lac.

汝 *zyo*, toi, vous : pron. pers. de la 2e personne, § III.

江 *kŏ*, fleuve.

波 *fa*, vagues, agiter, s'écouler.

流 *reŏ*, couler.

津 *sin*, gué, passer à gué; ruisseau; humecter.

濟 *sai*, traverser un fleuve.

灘 DAN, NAN. Caractère employé par les Japonais dans le sens de : océan, grande mer, *p. 12*.

瀛 *yei*, la mer, nom d'un lac.

火部 86e CLEF.

無 *bŏ, mŏ*, négation, pas, ne pas avoir.

然 *zen, nen*, certes, certainement, vraiment, mais, § VII, 168.

照 *seŏ*, briller, éclairer; éclat.

爻部 89e CLEF.

爾 *zi, ni*, toi : pron. pers. de la 2e personne, § III, 65.

牛部 93e CLEF.

牟 *bŏ, mŏ*, mugissement des bœufs.

牯 *ko*, taureau.

犉 *si*, vache.

犬部 94e CLEF.

猪 *tsyo*, sanglier.

猶 *iŏ*, encore, comme, § II, 38.

獨 *tok*, seul, solitude.

玉部 **95**ᵉ CLEF.

王 *wŏ*, roi, souverain ; grand.

理 *ri*, raison, principe.

現 *ken*, présent, présentement.

玄部 **96**ᵉ CLEF.

率 *syŏts*, se conformer ; suivre, imiter.

甘部 **99**ᵉ CLEF.

甚 *zin*, beaucoup, très, extrêmement, § v, 154. Ce mot entre dans la composition de diverses expressions interrogatives, § III, 82 ; v, 161.

田部 **102**ᵉ CLEF.

由 *iŏ*, passer, aller ; de ; suivre ; comme ; puisque, § VII, 169.

町 TEI. Ce caractère est usité au Japon pour exprimer le mot « rue ».

畱 *riŏ*, retenir, arrêter.

番 *fan*, [tant de] fois, § II, 51.

癶部 **105**ᵉ CLEF.

癸 *ki*, l'un des caractères cycliques.

登 *tŏ*, monter.

發 *fats, fots*, paraître, aller en avant, ouvrir.

白部 **106**ᵉ CLEF.

百 *fak*, cent, § II, 47.

皇 *kwŏ*, auguste, grand, illustre.

目部 **109**ᵉ CLEF.

直 *tsiok*, droit, vrai, exact.

睹 *to*, voir, apercevoir, regarder.

矢部 **111**ᵉ CLEF.

知 *tsi*, savoir, connaître.

示部 **113**ᵉ CLEF.

礼 *rei*, rites, cérémonies. Forme abrégée de 禮, *p.* 15.

神 *sin*, esprit, génie, bon génie.

禮 *rei*, rites, cérémonies.

禰 *tei*, nom que l'on donne au père après qu'il a été déposé dans le temple des ancêtres.

内部 **114**ᵉ CLEF.

禹 *ŏ*, sorte de ver.

禾部 **115**ᵉ CLEF.

私 *si*, particulier, privé, ce qui est propre [à quelqu'un] : caractère usité pour représenter le pronom personnel japonais de la 1ʳᵉ pers., § III.

秋 *siŏ*, automne.

立部 **117**ᵉ CLEF.

章 *syŏ*, chapitre, *p.* 58.

端 *tan*, principe, commencement ; tête ; poindre.

竹部 **118**ᵉ CLEF.

等 *tŏ*, degré, rang, marque du pluriel, § I, 19.

筆 *fits*, pinceau.

管 *kwan*, tube, flûte.

篇 *fen*, réunir, assembler ; tablettes de bambou réunies au moyen d'une lanière de cuir.

節 *sets*, paragraphe d'un ouvrage.

糸部 **120**ᵉ CLEF.

終 *siŏ*, fin, achèvement, terme.

羽部 **124**ᵉ CLEF.

翌 yok, clair. — 丨日 yok zits, demain, § v, 151.

老部 **125**ᵉ CLEF.

者 sya, particule déterminative : ce qui a rapport à, quant à, ce qui est, § i, 8.

耳部 **128**ᵉ CLEF.

聞 bъn, entendre.

肉部 **130**ᵉ CLEF.

胝 tsi, peau épaisse.

臼部 **134**ᵉ CLEF.

臾 yъ, un instant.

與 yo, donner.

艮部 **138**ᵉ CLEF.

良 ryŏ, rŏ, bon.

艸部 **140**ᵉ CLEF.

芓 si, sarcler, arracher les mauvaises herbes.

莣 baъ, maъ, Erianthus japonicus.

花 kwa, ke, fleur.

5 若 zyak, niak, si.

茶 to, ta, nom d'une plante amère.

莫 bo, mo, négation, ne vouloir pas. Ce caractère donne au mot qui le suit une valeur superlative, surtout quand celui-ci est un adjectif et qu'il est suivi d'un substantif.

9 葉 yef (ye'ъ, yò), feuille.

蘠 fen, nom d'une plante comestible.

落 rak, tomber, mourir.

萬 ban, man, dix mille, § ii, 47.

薩 sats, surnom ; l'un des caractères usités pour désigner le Bodhisattva.

薄 fak, mince ; endroit rempli d'herbes, pays fourré.

15 藥 yak, plantes médicinales, remède.

蘢 rŏ, nom de plante.

广部 **141**ᵉ CLEF.

處 syo, demeurer, s'arrêter ; lieu, place

虫部 **142**ᵉ CLEF.

蝙 fen, l'un des noms de la chauve-souris.

血部 **143**ᵉ CLEF.

衆 syъ, beaucoup, multitude, tous.

衣部 **145**ᵉ CLEF.

被 fi, marque du passif.

褊 fen, petit, étroit.

襲 sif, succéder, héréditaire.

襾部 **146**ᵉ CLEF.

要 yeъ, vouloir, falloir.

見部 **147**ᵉ CLEF.

覽 ran, aperçu, coup d'œil.

言部 **149**ᵉ CLEF.

計 kei, examiner, compter.

記 ki, histoire, chronique, mémoire.

語 gyo, go, mot, langue, parler.

誰 sъi, qui ? lequel ? laquelle ? § iii, 82.

諾 *dak,* consentir.

謂 *i,* appeler, dire.

讀 *tok,* lire.

讜 *tō,* peut-être, § v, 160.

豆部 151ᵉ CLEF.

豊 *rei,* vase pour les cérémonies.

貝部 154ᵉ CLEF.

貞 *tei,* droiture, pureté.

貴 *ki,* élevé, noble, illustre : expression honorifique employée pour désigner la personne à qui l'on parle, § III, 65.

買 *bai, mai,* acheter.

足部 157ᵉ CLEF.

踞 *kyo, ko,* s'asseoir.

身部 158ᵉ CLEF.

躯 Caractère japonais désignant la petite
école où l'on enseigne les rites et l'on
transmet les lois, p. 11.

車部 159ᵉ CLEF.

輪 *rin,* roue d'un char.

辶部 162ᵉ CLEF.

达 Caractère japonais signifiant : entrer.

辻 Caractère figuratif japonais indiquant un
carrefour au milieu d'une route se cou-
pant en croix.

近 *kin,* près, § v, 152.

迦 *ka,* l'une des syllabes du nom du bouddha
Sâkya-mŏni.

追 *tsŏi, tai,* suivre, poursuivre ; suivant, selon, touchant, § VII, 165.

迹 *sek,* l'empreinte du pied, § VII, 165.

通 *tō, tsŏ,* comprendre.

遍 *fen,* pénétrer partout.

道 *tō,* voie, doctrine ; parler, dire.

過 *kwa,* passer, éloigner.

遣 *ken,* envoyer, députer.

遠 *yen,* éloigné, distant.

遷 *sen,* se transporter d'un lieu dans un autre.

邊 *fen,* côté.

邑部 163ᵉ CLEF.

那 *da, na,* beaucoup, grand (caractère souvent employé avec une valeur purement
phonétique).

部 *fō, fŏ,* section, classe, division.—字 丨
zi-bŏ, clef chinoise.

都 *to,* capitale, résidence impériale.

酉部 164ᵉ CLEF.

醉 *sŏi,* s'enivrer.

醫 *i,* traiter une maladie, guérir ; la profes-
sion de médecin.

金部 167ᵉ CLEF.

鈔 *sō,* copie.

鑓 Caractère vulgaire japonais usité pour
saŏ, lance, pique, p. 11.

鎗 *saŏ,* lance, pique, p. 11.

鑑 *kan,* miroir.

阜部 170ᵉ CLEF.

陀 *ta,* inégal ; escarpé.

阿 *a,* bords d'une rivière ; penchants d'une
colline.

隱 *in, won,* secret ; affligé ; sombre.

隹部 **172**e CLEF.

雄 *yŏ, wō,* oiseau mâle, § i, 6.
雌 *si,* oiseau femelle, § i, 6.
離 *ri,* s'écarter, se retirer.

頁部 **181**e CLEF.

須 *sŏ, syŏ,* poils, barbe ; attendre.— 丨臾
syŏ-yŏ, un moment, un instant.
頭 *tŏ,* tête, principe.
顯 *ken,* clair, manifeste.

馬部 **187**e CLEF.

駿 *fŏ,* étalon, § i, 6.
驕 *sya,* jument, § i, 6.
騙 *fen,* tromper.

鳥部 **196**e CLEF.

鸇 *sen,* faucon.

鹿部 **198**e CLEF.

麗 *rei, ri,* beau, gracieux, élégant.
麓 *rok,* le bas d'une montagne.

INDEX

DES MOTS SANSCRITS.

उपासक: *upāsaka*, celui qui suit les instructions, un disciple, un serviteur.

कोटि *kōti*, 10,000,000, § ɪɪ, 47.

तथागत *tat'āgata*, qui va comme (son prédécesseur) : l'un des titres les plus éminents que l'on donne à un bouddha, et l'un des surnoms de *Sākya-mæni*.

नियुत *niyæta*, 10,000,000 (Cf. Makɪɴosɪɴa Terɤtaĸe, *Wa-kan won sek Syo-gen-zi kō*, p. 10, c. 6); 100,000,000,000 (Cf. Ph.-Ed. Foucaux, *Lalita-Vistâra*, p. ʟɪɪɪ; — E. Burnouf, *Le Lotus de la bonne loi*, p. 853); 100,000 (Cf. Loiseleur Deslongchamps, *Amarakocha*, tom. I, p. 366).

लक्ष *lakcha*, un lak, 100,000, § ɪɪ, 47.

सुगत *sægata*, le bienvenu : surnom de Bouddha.

TABLE DES MATIÈRES.

—

PLANCHES.

FIN.

Imprimerie de Marius Nicolas, à Meulan (Seine-et-Oise).